은퇴 부부의 좌충우돌
일본 자동차 여행

은퇴 부부의 좌충우돌 일본 자동차 여행

발행일 2017년 1월 23일

지은이 송 재 명
펴낸이 손 형 국
펴낸곳 (주)북랩
편집인 선일영 편집 이종무, 권유선, 김송이, 송재병
디자인 이현수, 이정아, 김민하, 한수희 제작 박기성, 황동현, 구성우
마케팅 김회란, 박진관
출판등록 2004. 12. 1(제2012-000051호)
주소 서울시 금천구 가산디지털 1로 168, 우림라이온스밸리 B동 B113, 114호
홈페이지 www.book.co.kr
전화번호 (02)2026-5777 팩스 (02)2026-5747

ISBN 979-11-5987-394-2 03910(종이책) 979-11-5987-395-9 05910(전자책)

이 도서의 국립중앙도서관 출판예정도서목록(CIP)은 서지정보유통지원시스템 홈페이지(http://seoji.nl.go.kr)와 국가자료공동목록시스템(http://www.nl.go.kr/kolisnet)에서 이용하실 수 있습니다.
(CIP제어번호 : CIP2017001474)

최남단 **가고시마에서** 최북단 **홋카이도까지** 일본어 한마디 못하는 부부의 용감무쌍 **일본 종단기**

은퇴 부부의 좌충우돌
일본 자동차 여행

송재명 지음

북랩 book Lab

프롤로그

근심, 걱정, 기쁨, 희망이 교차하던 지난 생활을 돌아보니, 스물여섯 살에 시작한 직장생활 36년간의 세월이 지나가고 패기 넘치던 청년은 머릿결이 은빛으로 변해 있었다. 휑하니 엷어진 정수리를 바라보면서 아침저녁으로 매일 같이 드나들던, 애증이 산처럼 쌓여있는 직장에서 2014년 퇴직했다.

이제 무엇을 해야 할까, 라는 고민이 들었다. 쉬면서 새로운 직장을 구하고 취미생활하고, 봉사활동, 여행을 다녀야겠다고 크게 3가지를 정해 놓고 나서 한 가지씩 세부계획을 세웠다. 그러던 중에 갑자기 답답하고 멍청이가 되는 느낌을 받아 적잖은 시간을 그냥 흘려보냈다.

여행부터 다니고 보자는 생각이 든 것도 그 무렵의 일이다.

그동안 누구나 꿈꾸는 세계 일주를 한다는 거창한 꿈을 가지고 있었다. 첫 번째 여행지로 가까운 이웃 섬나라 일본을 정했다. 비자 면제 기간인 90일 동안, 15년 동안 사용한 한국 승용차를 가지고 여행하기로 마음먹었다. 일본말, 글자해독도 전혀 못하는 것은 물론, 우리나라와 반대방향인 왼쪽으로 운전해야 한다는 두려움을 가지고 부산에서 출발했다.

일본 '시모노세키항'에 도착해서 본, 처음 접하는 우리나라와 반대인 신호등 신호를 보고 출발할 때의 감동이 아직도 남아 있다. 90일 동안 일본 최남단 '가고시마'에서부터 '홋카이도'까지 자동차길 20,000㎞를 일본 현지 사람들보다 많이 다니고 사고 없이 다녀온 느낌을 비롯하여, 일본 여행을 앞둔 사람들에게 왼쪽 길 운전에 대한 두려움을 없애 주어야겠다는 생각에 일본여행 이야기책을 쓰게 되었다.

그동안에는 우리에게 불편한 이웃 섬나라 일본으로 생각하고 있었는데 일본 열도 전국을 여행하면서 새로운 생각도 가지게 했다. 힘들고 어려운 여행이었지만 즐거움과 나를 돌아보는 시간이 더욱 소중한 의미로 남아 있다.

일본 열도 완주 전국여행 90일간의 이야기를 많은 분에게 전합니다.

차례

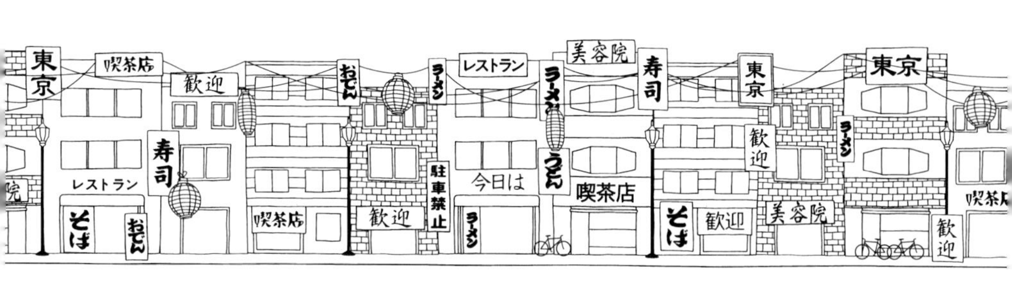
東京
喫茶店
歓迎
レストラン
寿司
そば
おでん
ラーメン
美容院
駐車禁止
今日は
うどん

일본 열도 자동차 여행

일 본
여행 지도
일본 전도
동 지 나 해
오키나와 제도
태 평 양
1 : 2,000,000
1 : 5,300,000

애증의 '**현해탄**'을 넘어가면서

부산국제여객터미널에 오후 4시까지 도착하라는 카페리 회사의 안내에 따라 도착하여 예약한 승선권을 탑승권으로 교환하고 세관검사 및 차량통관을 대행하는 직원의 안내에 따라 출국에 따른 통관서류 등을 작성했다. 세관검사를 통과하고 페리에 차량을 승선하고 아내와 3등 객실로 올라가니 억센 부산 말투의 아지매들이 있었다. 아지매들의 목소리와 어수선함이 함께하는 자리에서 인사를 나누면서 일본여행 간다고 이야기를 하니 격려해주시면서 자기들은 이틀에 한 번씩 이 배를 타고 다니면서 '보따리장사'를 15년 하고 있단다. 나는 33년 째라고 하시는데 애국자가 따로 없다. 아지매들에게 애국자라 하니 맞단다.

아지매들의 맞장구에 한바탕 웃으면서 시모노세키下関에서 필요한 물건 살 것 있으면 싸게 파는 슈퍼마켓 일러준단다.

옆에 온천여행 가시는 일반여행객 부부는 '한국차량을 어떻게 가지고 나가느냐?'고 물어보신다. 자기들도 나중에 우리처럼 자동차로 여행을 해 보겠단다.

분주한 삶의 소리를 한참 나누고 나니 여객선이 움직이는 것 같아 시계를 보니 9시 부웅 하는 뱃고동소리도 들리고 엔진 소리에 진동이 좀 더 느껴지는 것을 보니 설레는 여행의 시작이 됨을 알려주니 선창으로 나가 비켜나는 부산항 국제 부두와 조금 멀리 부산의 화려한 야경을 남들이 찍어놓은 사진만 보다가 내가 바라보고 있다는 모습에 더욱 황홀함으로 다가온다.

아내와 함께 멀어지는 부산항의 화려함이 희미해질 때까지 말없이 잡고 있던 손을 놓으며 선실로 돌아와 벌써 잠자리에 들어가신 아주머니들 옆에서 침구를 펴고 설레는 마음을 다독이며 다가올 새로운 그림을 그려보면서 멀뚱멀뚱한 머릿속을 달래보면서 선상에서 하룻밤 꿈나라에 든다.

아침 6시 30분쯤 주변이 부산하다. 일찍들 일어나신 부산 아지매들의 움직임들이 군대 내무반 기상과 같은 풍경과 비슷하다.

세면도구 들고 세면장으로 향하는 모습, 식사 준비하시는 모습, 라면에 물 받아 벌써 휴게소 식탁을 점령한 사람들의 대화 소리 등 삶의 현장이 눈앞에서 펼쳐지는 모습이 억센 경상도 사투리인 "살아있네!"가 어울리는 풍경이었다.

8시. 낯선 풍경의 항구 모습이 보인다. 시모노세키下関 항구다. 잠든 사이 부지런히 달려왔다.

돌아가신 아버님께서 일제 강점기 시대 징용을 당하여 미쓰비시三

菱 조선소에서 노역하셨다. 이후 해방이 되어 돌아오시던 그곳을 아들은 여행을 가겠다고 도착하였으니 마음 한구석 울컥한 기분이 올라와 잠시 눈시울이 뜨거워졌다. 안내하는 선원에게 자동차 키를 보여주면서 차량 하선 승객이라는 표시를 하니 별도 계단으로 내려가라고 안내를 해준다. 하선하여 세관 차량 검사 및 수속을 위하여 별도로 마련된 2층 세관장으로 안내되어 직원들 출근하여 먼저 출입국 심사를 하고 차량 검사 및 보험 들고 통관 검사하고 안내해주던 직원이 "다 되었습니다, 나가세요"라는 말에 약간 긴장이 되기 시작했다. 처음 보는 일본식 왼쪽 운전용 신호등을 접하니 긴장이 된다.

여행 시작,
탄성을 지르다

직진 신호로 바뀌고 출발하여 50m 쯤에서 왼쪽으로 잠시 정차했다. 100m 앞 시모노세키下関역 사거리에서 일본 차들은 어떻게 운행하는지를 20여 분 관찰 후 시내 관광지도를 살펴보고 우회전했다. 간몬関門터널과 간몬대교를 향하여 가는 도중에, 시모노세키 시가지를 지나면서 높게 보이는 간몬대교를 보고 왼쪽으로 이동했다. 이정표에서 알려주는 간몬터널과 대교 방향으로 달리니 간몬대교 진입을 위한 인터체인지가 나온다. 대교 통과요금만 별도로 징수하는 요금소에서 350엔을 냈다. 운전석 반대편에서 요금을 주고받아야 하니 그건 조수석에 앉아있는 아내의 역할이다.

요금을 지불하고 본선으로 진입하니 1,068m 주탑과 주탑 사이의 주 경간이 712m, 수면에서 다리까지의 높이가 61m인 철제 현수교인 멋진 모양을 자랑한다. 간몬대교 위로 주행하면서 나도 모르게 "해냈어!"하는 함성을 질렀다. 다리를 넘어 조금 지나니 모지門司IC 방면으로 나와 기타규슈北九州 시내로 들어서기 위하여 3번 국도 이정표를

시모노세키 히노야마 전망대에서 내려다본 간몬대교

보고 시내로 진입했다.

고쿠라小倉 시내로 주행하면서 도로 이정표마다 갈색 바탕에 흰색 글씨 또는 흰색 바탕에 청색 글씨로 쓰인 관광안내 간판이 있으면 방향을 잡아서 찾아갈 수 있어 편리했다. 직접 차량을 운전하면서 좋은 점을 발견하게 되었다.

25일간 돌아다닌
'남쪽 규슈지방'

기타규슈는 시모노세키항을 마주 보면서 간몬 해협을 사이에 두고 크게 번창한 항구도시다. 큰 항구들과 제련소, 철강공장들과 중화학공업의 큰 공장 단지들이 항구를 주변으로 번창한 모습을 보여주는 도시이기도 하다. 일본 3대 야경 중 하나인 기타규슈의 모습을 보기 위해 사라쿠라산血倉山 케이블카 입구 주차장에 해가 지기 전에 도착했다. 정상에 올라 시내를 구경하고 해 질 때까지 기다려서 멋진 야경을 감상하고 내려와 야경이 어울리는 시내를 둘러보고 495번 도로 바닷가로 향하여 와카토若戶 대교를 지나 해변공원에서 하루 여정을 마쳤다.

기타규슈北九州에서 규슈지방 최대도시 인구 150만의 공업과 항만이 발달된 후쿠오카福岡 시내로 가기 위해 국도 3번 도로를 이용하거나 해변 도로 495번을 이용하다 3번 도로에 합류하면 후쿠오카 시내를 진입할 수 있다.

사라쿠라산皿倉山 케이블카

후쿠오카 시내는 큰 도시 면모를 갖추고 있어 백화점 관광시설 등이 잘 갖추어져 있어 한국인들이 많이 찾는 곳이다. 주변의 후쿠오카 타워의 야경과 주변 해안의 관광지 같은 볼 것이 많이 있는 도시이다.

어느 도시든 가장 잘 보이는 곳은 높은 곳이다. 서울을 잘 보려면 '남산서울타워'에 올라가듯 일본에서도 도시에 들어서면 제일 높은 곳이 어디에 있는지 살펴보면 답이 보인다. 일본여행 90일 동안 운전하면서 가능했던 것은 큰 도시에 들어가면 제일 먼저 가는 곳이 기차역이었다. 기차역에 가면 여행안내소旅行案内所가 꼭 자리하고 있다. 여행안내소는 오전 9시~오후 5시까지 운영된다. 그곳에 가면 한국어로

된 여행가이드 지도를 구할 수 있다. 지도를 구할 때 꼭 한국어 지도와 일본어 지도를 함께 구하여 사용하는 편이 좋다. 일본어 지도는 현지인들에게 보여주면서 현재 위치와 가야 할 곳을 물어볼 때 필요하다. 일본 지도는 기차역 여행안내소, 고속도로 휴게소, 일반국도휴게소 등에서 무료로 구할 수 있다. 왜 일본지도를 구해야 하느냐면 일본지도에는 자동차 여행자들이 쉬거나 잠을 잘 수 있는 공간이 마련된 곳을 표기해 놓았기 때문이다. 미찌노에끼道路驛(우리나라로 치면 휴게소와 비슷하다) 문양의 표기가 있다. 사진 속 지도에 있는 표기를 보고 하루 여행의 목적지 등을 정해야 한다.

고속도로 휴게소에서 획득한 안내지도 속의 지도.
휴게소(미찌노에끼)가 표기되어 있다.

휴게소(미끼노에끼)를 알려주는 교통 표지판

후쿠오카 타워와 야경

후쿠오카시 하코자키궁에서 결혼식하는 모습

도조 이삼평 기념비

이삼평 기념비에서 내려다본 아카에초 도자기 마을 풍경

후쿠오카를 떠나 202번 도로를 이용하여 서남쪽으로 사가佐賀현 가라츠唐津성에 올라 해안가로 형성된 시가지를 둘러보았다. 일본 어디를 가더라도 온천이 널려 있으니 특히 유명한 온천만 고집하지 말고 온천마을 표시가 있다면 들러보고 휴식을 취하고 여행을 즐길 수 있다. 조선시대 도공 이삼평李參平이 임진왜란 때 끌려 와서 일본에 도자기 기술을 전수해주고, 일본에 도자기를 보급한 시초가 되었다는 마을인 아리타有田 도자기 마을에 들렀다. 도자기 체험 공방과 이삼평 비석이 있는 산등성을 올라 그 옛날의 애환을 느껴 보는 것 또한 여행의 의미로 남길 수 있다.

사가현佐賀県은 한반도와 마주하고 있고, 오래전부터 대륙과의 교류가 활발했으며, 대륙 문화의 영향을 많이 받아왔다. 당시 조선에서 끌려온 도공에 의해 요업이 시작된 이래 그림·염색 자기로서 발전해온 도자기의 고장으로 알려져 있다. 현 내에는 많은 도자기 제작소가 있으며, 특히 아리타有田는 일본 자기의 발상지 마을로 사가현 서부에 위치한 조용한 산간 마을이다. 조선에서 끌려 온 도공 이삼평이 양질의 백자광맥을 아리타 이즈미산에서 발견한 이후로 아리타는 세계적인 자기의 마을로 성장해왔다. 이삼평 기념비가 아리타의 도산 신사 위에 세워져 있다. 많은 도공이 모여 살았다고 하는 아카에초에는 지금도 1930년대에 만들어진 흰 벽으로 된 가옥이나 서양식 저택이 남아 있다.

나가사키현長崎県의 나가사키長崎시는 원자폭탄의 참화를 오늘날에 전하며, 평화에의 기원을 호소하고 있는 평화공원 등 볼 것이 많아 찾는 이의 발길이 끊이지 않는다.

나가사키는 원자폭탄이 투하된 도시이면서 태평양전쟁을 일으키기 위하여 군함과 비행기를 제조하고 가미가제 특공대가 출병했던 도시다. 나가사키長崎시를 관광하면서 전차가 다니고 100년 전 영국이 개항시키면서 살았던 고풍스러운 모습들이 어우러져있고, 거대한 미쓰비시 조선소를 보면서 나의 아버지께서 징용으로 끌려오셔서 저 조선소에서 얼마나 많은 시간을 고통으로 보내셨을까, 하는 생각이 들었다. 뜨거운 눈물이 흐른다.

해변의 아름다운 풍경, 잘 가꾸어진 시내 풍경, 미군이 제일 먼저 주둔한 관계로 유명한 햄버거집과 100년 전 개항 때 네덜란드 선원들이 전해준 유명한 카스텔라집에서 먹어 본 카스텔라 맛을 간직하고, 원자 폭탄이 떨어진 곳이기도 한 평화공원에 들렀다. 우리 동포가 갇혀있던 감옥 건물은 사라지고 터만 남아 있는 흔적 앞에서 묵념했다.

나가사키 시내 전차 모습

나가사키 평화공원

이나사야마는 나가사키 항과 나가사키 시가지를 한눈에 볼 수 있는 천혜의 전망대다. 이나사야마의 야경은 일본 3대 야경에 든다고 자랑해 놓은 안내판을 보고 해 질 녘 로프웨이를 타고 전망대에 올랐다. 반짝이는 불빛으로 만들어낸 멋진 야경을 감상할 수 있었다. 나가사키 시가지의 북서쪽, 해발 332m에 있는 이나사산은 나가사키 제일의 전망대로 알려져 있다.

나가사키시 항구의 모습과 야경

같은 도로를 이용하여 남쪽으로 이동했다. 우리나라의 에버랜드와 비슷한 일본이 자랑하는 하우스텐보스에 들렀다. 유럽풍의 건물들을 잘 만들어 두고 일류 관광지의 모습을 갖춘 모습을 보여주니 호기심으로 차량을 가지고 둘러본다. 작은 규모의 소도시가 연상된다.

하우스텐보스역

나가사키를 지나 남쪽에서 유명한 운젠온천 지대로 향한다. 1990년부터 1995년까지 후겐다케산이 198년 만에 분화하고 용암돔 헤이세이신잔을 새롭게 형성했다. 이때 운젠온천이 형성됐다.

운젠온천은 해발 700~800m 높이에 있으며 여름에 시원하기 때문에 피서지로서도 유명하다. 30여 개의 열천이 있는 운젠온천은 유황연기로 인해 빨강이나 황색으로 변색한 지면에서 열기가 분출하여 황량한 풍경이 펼쳐진다.

운젠온천을 뒤로하고 큰 산을 넘어 구마모토熊本로 가기 위하여 시마바라島原항구에서 카페리에 차량과 함께 승선했다. 한 시간 가량 바다를 건너서 가니 72만의 인구가 있는 구마모토熊本시에 도착했다. 일본 통일 전쟁 때 마지막까지 싸운 흔적이 남아 있는 구마모토熊本성과 도시를 관광해보는 재미도 드라이브하며 다니면 여유와 재미가 남는다.

구마모토熊本현은 구마모토 평야와 야시로 평야가 형성되어 있다. 아소 지역은 세계 최대급 칼데라를 자랑하는 활화산 아소산을 비롯하여 온천도 많이 있는 지역이다.

운젠 온천장의 열기

구마모토 성, 전망대 위에서 내려다본 시가지

결혼식을 마친 신혼부부가 구마모토 성을 바라보는 모습

325번 도로를 이용하며 3년 전에 분출하여 지금도 연기를 뿜어내고 있는 아소阿蘇화산의 웅장함과 그 주변을 둘러싸고 있는 고원지대 대관봉大觀峰의 장대한 경관 위로 드라이브를 다니면서 아름다운 자연경관에 감탄해 본다. 이때 느꼈던 재미도 내가 직접 운전하면서 하는 여행이었기에 가능한 일이었다.

아소화산 광장에 분화구에서 날아온 화산재가 가득 쌓여있는 모습

아소화산 광장과 우리가 탔던 헬기 모습

헬기에서 내려다본 아소화산의 모습

아소화산 주변의 초원에 있는 한적한 소와 말

아소화산을 뒤로 하고 남쪽으로 325번 도로를 이용하여 이동했다. 다카치호高千穗 자연계곡은 우리나라 제주도 쇠소깍처럼 생긴 산속 계곡으로 보트를 타고 노를 저어 구경하는 재미가 있다. 주변의 주상절리와 떨어지는 폭포수를 관람하는 멋이 함께 있는 곳으로 들러볼 만한 곳으로 추천한다.

다카치호로 가는 마을 입구 안내판

다카치호 계곡의 주상절리

가고시마鹿児島현은 규슈의 최남단에 있다. 기복이 심한 해안선은 가고시마만에 떠 있는 활화산 사쿠라지마를 팔로 안고 있는 듯한 모습을 하고 있으며, 사쿠라지마 화산은 내가 여행을 마치고 온 2016년 1월에 폭발이 일어났다.

최남단 가고시마의 사쿠라지마화산과 유노히라 전망대

지금도 살아있는 사쿠라지마桜島화산의 검은 연기

최남단 이브스키指宿의 해변에서는 검은 모래찜질의 추억이 남았다. 이케다池田 자연 호수의 아름다운 모습과 주변을 관광했다.

미야자키宮崎현은 구마모토 현과 접하고 있는 북쪽을 비롯하여 서쪽은 기리시마 산지, 가고시마 현에 접하고 있다. 현 내에는 초대 천황으로 일컬어지는 진무천황을 모시는 미야자키 궁이 있다. 가을 추수에 대한 감사와 다음 해의 풍년제를 기원하는 다카치호 신사 등 일본의 건국신화와 관련된 신사가 많이 있다.

우도신궁 지역에 있는 선멧세 공원을 지나 미야자키 시내를 둘러보고 10번 국도 해변 길을 따라 올라가면서 보는 해안 풍경들은 한국의 7번 동해안 국도처럼 비슷한 풍경과 비슷하면서도 특이한 해변 풍광을 볼 수 있는 곳이다.

우도신궁

오이타大分현은 용암지대의 산간을 흐르는 하천 침식에 의해 깎은 듯이 선 절벽과 무수한 기암괴석이 형성되어 있으며 대표적인 야바계곡은 장엄한 아름다움을 보여주고 있다. 넓은 화산지역에서는 풍부한 온천이 솟아 나오고 있다. 여덟 개의 지옥으로 불리는 열탕을 뿜어내는 온천을 돌아보는 지옥 순회 관광이 있으며 용출량 일본 제일을 자랑하는 벳푸 온천을 필두로 여름에는 영화제가 열리는 유후인 온천까지 수많은 온천이 있어 전국각지에서 많은 관광객이 모여든다. 멀리 산자락부터 해변 전체가 거대하게 솟아오르는 수증기에 새로운 풍경이 나타난다.

한국 사람들이 많이 여행하는 유명한 온천 도시인 벳부別府에 들어서니 10여㎞ 전방부터 산자락을 비스듬히 내려오는 6부 능선부터 바닷가 인접에 도시가 형성된 것이 보인다. 도시 전체가 거대한 공장 굴뚝에서 연기가 솟아나는 것처럼 희뿌연 수증기가 하늘 높이 솟아오르는 모습을 보고 감탄사가 절로 나오는 광경이다.

유명한 벳부 온천을 즐기는 방법은 시내에서 온천 증기가 솟아오르는 곳으로 운전하여 도착해보면 무슨 지옥천 등 눈으로 구경하는 관광용 온천장들이 있고, 목욕을 즐길 수 있는 대중온천장과 산기슭 쪽으로 올라가면 가정집에서 개인이 운영하는 온천탕이 있으니 골고루 체험하는 묘미를 느낄 수 있다. 벳부에서 여러 온천을 둘러보고 이웃의 작고 아담한 시골 도시로 영화제를 개최하고 유명한 온천들이 있는 유후인由布院温泉에 들리면 아담하고 멋진 철도역사와 주변을 돌아보고 온천탕에서의 여행의 피로도 풀고 여유로움 속에 맛있는 음식과 자유로움의 시간을 가질 수 있다.

구르메 휴게소에서 만난 후쿠오카 주민 사이토 겐이치님

유후인과 벳부온천 도시를 가는 중 구르메 휴게소에서 후쿠오카에 산다는 한 가족을 만났다. 이 가족은 우리 차를 보시고 오셔서 한국말로 어떻게 여기를 왔느냐고 물었다. 대화를 하다 보니 본인은 후쿠오카시에서 진공 포장하는 기계를 제작·판매하고 있으며 한국에도 가끔 가고 물건들이 수출되고 있다고 하신다. 반가워하며 명함을 주시면서 다음에 후쿠오카에 오면 꼭 들리라고 당부한다. 부인께서도 시장을 보고 우리를 위해 족발을 사주셨다. 그리고 두 분은 일본 명

수 100선에 들어가는 약수를 받으러 간다고 우리보고 함께 가자고 제안을 했다. 부부의 안내를 받아 좋은 약수를 받을 수 있었다. 이런 고마운 분들을 만나는 것이 여행의 맛이 아닐까 싶다.

두 분 모두의 건강을 기원합니다.

벳부 시내 외곽 야산 중간지대 개인 온천 가족탕

온천을 즐기고 213번 해안도로의 풍경을 즐기면서 시모노세키 방향으로 올라간다. 올라가는 동안 기타규슈 국정 공원으로 지정된 드넓은 초원지대에 흰색 바위 덩어리들이 널려 있는 카르스트지형을 잘 보여 주는 히라오다이平尾台를 찾아보고, 20일간의 남쪽 규슈지역을 완주하고 본섬(혼슈)지역으로 향했다.

일본 남쪽 섬인 규슈 관광을 마치고 위쪽 지역 본섬이라고 부르는 혼슈 지역을 관광하기 위하여 간몬대교를 넘어 시모노세키 시내를 둘러보고 9번 도로와 2번 도로에 진입했다. 도쿄 방향으로 들어서면서 야마구치山口현의 중심도시 야마구치 시내에 도착했다. 시내를 드라이브하며 15세기경에 창건한 루리코지 사찰과 조에이지 사찰의 고풍스러움과 잘 가꾸어진 정원의 아름다움을 눈에 담았다. 435번 도로를 따라 아키요시다이秋吉台 국정 공원에 도착했다. 평지와 산등성이에 석회암 바위를 심어놓은 것처럼 보이는 낯선 풍광의 새로움에 감탄을 느꼈다. 석회암 산 아래 아키요시 동굴은 우리의 강원도에 있는 동굴들처럼 드넓은 광장과 작은 폭포수, 맑은 지하수 등의 어울림과 다양한 종유석과 기이함에 볼거리를 더하고 있다.

아키요시다이의 카르스트지형은, 약 3억 년 전의 산호초가 지반의 이동으로 지상에 밀려 나와 지각변동에 의해 산이 된 것이 빗물에 침식되어 만들어졌다. 녹색 고원과 밋밋한 산등성이에 눈을 뭉쳐 뿌려놓은 모양의 각양각색의 얼굴을 내미는 무수한 석회암주 형태를 볼 수 있어, 외계에 도착한 착각을 일으키는 장대한 모습이 연출된다.

아키요시 동굴은 아키요시다이의 석회암 지반으로 지하 약 100m 되는 곳에 있는 동양 최대 넓이를 가진 종유동굴이다. 지하수로가 주변의 석회암을 녹여 30만 년의 세월에 거쳐 형성되었으며, 그 길이는 현재 확인된 것만으로도 약 10㎞에 달한다.

아키요시다이공원 내 석회암 돌산

아키요시다이공원을 보고 다시 490번 도로를 따라 서쪽 해안가 중소도시 하기시萩市에 도착했다. 우리의 남해안과 비슷한 풍광으로 조밀한 해변 마을과 일본풍의 옛집들의 모습에서 조용함을 느낄 수 있으며 17세기 때 축조된 하기 성터는 수로와 성벽의 일부, 석단이 남아 시즈키 공원으로 만들어져 공개되고 있다. 262번 도로를 따라 큰 도시인 야마구치시에 도착했다. 14세기 중반 당시의 수도였던 교토를 본 따 도시를 조성하였기 때문에 서쪽의 교토라고 불린다.

야마구치시의 외곽 9번 도로를 이용하여 1시간 정도 가면 우리나라 무주구천동 계곡과 비슷하면서 수량과 길이가 약 4㎞의 초몬쿄長門峡 자연공원의 협곡이 나오는데 계곡을 따라 2시간 정도 걸어보는 멋진 풍광을 볼 수 있다.

다시 262번 도로를 따라 이동하며 동쪽으로 방향을 잡았다. 호후防府시에 도착했다. 호후시에 있는 고잔 공원에는 19세기 중반에 이 땅을 다스린 모리씨 관련의 로산 당 등의 건축물과 오래된 정원이 있다.

모리씨정원 입구

동북쪽으로 188번 도로를 이용하여 야나이柳井시에 도착했다. 에도시대 상인들이 만들어놓은 시장골목에 들어서니 하얀 벽들로 구성된 시장 건물들과 구니모리주택이 보인다. 건물들의 고풍스러움을 느끼며 야나이시의 자랑으로 선전하는 18세기 후반부터 이어져 내려오는 전통 간장 공장을 관람하고 순하고 향기 좋은 간장을 몇 병 구입하던 참에 현재의 사장과 기념사진을 찍으니 부산에도 자기들 공장 간장이 많이 수출된다고 자랑을 한다.

하얀 벽돌의 시장골목

야마구치山口현의 아름다운 자연계곡과 도시들을 둘러보고, 2번 국도를 따라 원자폭탄이 떨어진 도시 히로시마広島현으로 들어갔다. 중공업과 조선업이 100여 년 전에 번창하였던 모습이 지금은 몇 배가 되어 거대한 면모를 갖추고 자랑하는 도시의 모습이 멀리서부터 시야에 들어온다.

히로시마의 모습을 보니 1945년도에 왜 이곳에 원자폭탄이 투하되어 수많은 사람을 죽음으로 몰아갔던가를 새삼 생각하게 했다. 그 당시 건물들과 잔해를 기념비로 만들어놓고 세계 각국의 많은 관광객을 불러 모으는 히로시마시는 거대한 관광도시가 되어있는 모습에 놀라움을 느꼈다. 예전에 운영하던 전차가 지금도 교통수단으로 다니고 있는 도심과 거대한 공장지구로 변해 있는 항구 모습과 우리의 남산과 비슷한 오공야마黃金山 전망대에 올라 내려 보는 히로시마의 전경은 아름답고 멋진 풍경을 보여주는 곳이다.

히로시마 시내를 다니는 전차

전망대에서 내려다본 히로시마

히로시마 시내와 백화점

제2차 세계대전 중 히로시마시에 원자폭탄이 투하되었으며, 원폭 돔(히로시마 평화기념관)은 1915년에 세워졌다. 원폭 돔은 피폭 당시 주변의 건물들은 전부 사라졌으나 유일하게 콘크리트 벽돌건물로서 형체가 남아 있는 건물이다. 세계에서 최초로 원자폭탄 투하 장소가 된 것은 1945년 8월 6일이다. 그 후 두 번 다시 이 비극을 되풀이해서는 안 된다는 뜻을 지니며, 평화를 염원하는 사람들이 세계 각지에서 찾아오고 있다. 타다가 남겨진 철골이 그대로 드러나 있는 지붕 반파되어 무참하게 무너져 내린 외벽 모습은 피폭 당시의 모습이 보존되어 참화를 오늘에 전해주고 있다. 전쟁의 상흔과 평화의 고귀함을 후세에 전하기 위하여 유네스코 세계문화유산으로 등록되어 있다.

원폭 돔 앞 영국 학생, 일본 학생들과 함께

일본 최고의 다리
'**세토 대교**'를 건너다

히로시마시 앞에 있는 제주도 보다 10배 정도 큰 시코쿠섬을 관광하기 위해 이동했다. 시코쿠섬으로 들어가기 위해서는 일본이 자랑하는, 세토 내해에 10년에 걸쳐 완공(1988년)하고 총 길이가 13.1㎞, 공사비 약 1조 1,338억 엔을 들였다는 세토대교瀬戸大橋를 건너야 한다. 통행료로 우리 돈 7만 원 정도 주었는데 긴 다리 위를 달려보는 기분이 최고였다.

시코쿠四国를 잇는 바닷길인 니시세토 자동차도는 히로시마 현 오노미치 시로부터 세토 내해의 중앙에 있는 게이요 제도의 무카이섬 등 여섯 개 섬을 비롯하여 에히메 현 이마바리까지 연결하는 자동차 도로이다. 시마나미 해도에는 세계제일의 사장교인 다타라 대교, 세 대교가 이어진 연적교인 구루시마 해협 대교 등 섬과 섬을 연결하는 개성 있는 다리가 자연과 조화되어 새로운 모습을 보여준다. 세토 내해에 걸린 다리와 많은 섬의 아름다움을 볼 수 있는 좋은 장소는 오미 섬의 하나구리세토 전망대와 하카타 섬의 호코 산이 있다. 세토대교를 건너 에히메愛媛현은 437번과 378번 국도를 따라 1,300㎞에 이르는 긴 해안선을 지니고 있으며, 다양한 아름다운 해안선을 자랑하고 있다. 현의 작은 도시들을 관광하고 동북쪽으로 430번 도로를 따라 시코크카르스트와 439번 도로를 거쳐 텐구고원天狗高原에 도착했다. 드넓은 텐구고원은 목장과 함께 보호구역으로, 잔디를 보기 위하여 가까이 가보니 이끼류가 툰드라 지역에서 자라는 모습처럼 30~40㎝ 정도의 두꺼운 솜처럼 자란 모습으로 있어 장관을 이룬다.

다시 195번 도로를 이용하여 도쿠시마德島현의 1,400m 높이의 쓰루기산 국정 공원을 올랐다. 광활하게 펼쳐진 자연에 감탄하고 도쿠시마시를 관광했다. 도쿠시마나루토 지구는 나루토 해협의 만조 시 최대 10노트의 조류와 지름 20m에 이르는 소용돌이로 인기를 모으고 있다.

고치시를 뒤로하고 11번, 32번 도로를 따라 가가와香川현으로 들어오니 남쪽으로 1,060m의 류오산을 정점으로 1,000m 높이의 산들이 즐비한 사누키 산지와 펼쳐진 광대한 사누키 평야, 그리고 110여 개의 크고 작은 섬이 떠 있는 곳으로 우리나라 남해를 연상시킨다. 이제 제주도보다 10배 큰 섬인 시코쿠를 떠나기 위해 다시 세토대교를 비싼 통행료를 지불하고 지났다. 멋들어진 바다 위를 달려본다.

섬을 벗어나 내륙으로 달려 혼슈의 남동부에 위치하고 있는 오카야마岡山현은 주변 도시와 해변을 중심으로 관광하고 오사카大阪 방향으로 간다. 효고兵庫현의 내륙은 홋카이도를 마치고 서쪽으로 내려올 때 관광하기로 하고 동쪽 지역을 중심으로 관광하기로 하였다.

효고 현에는 아름다운 세토 내해 국립공원, 산인 해안 국립공원, 롯코 산, 아와지 섬 등의 경승지 이외에 세계유산에도 등록된 히메지성을 비롯한 수많은 문화유산이 남아 있다. 현의 행정과 경제의 중심도시이며, 일본 제2의 무역항인 고베神戸시는 JR고베 역 주변의 번화가와 고베 해변지역 베이에리어, 역에서 가까운 하버랜드는 쇼핑과 식도락을 즐길 수 있는 상점들과 유원지 등의 오락시설도 있기 때문에 밤낮으로 많은 사람들로 붐빈다. 하버랜드의 해변은 모자이크거리, 대관람차, 회전목마가 있는 모자이크 가든과 음식점, 영화관 등이 있다. 문자 그대로 모자이크 모양으로 조합된 복합상업 지역으로, 오픈된 거리와 바다가 보이는 광장 등 이국정서가 넘치는 항구도시다.

전망대에서 본 고베 시가지

고베역 앞 빌딩

고베시를 벗어나 423번 도로, 162번 도로를 따라 교토京都부의 교토시로 향했다. 우리나라의 많은 여행자가 들리는 일본 옛날 수도의 모습은 어떨까? 기대를 가지고 도착하는 날부터 역시 일본에서 자랑할 만한 도시라는 것을 느낄 수 있었다.

옛 영화의 그림자가 남아 있는 **'교토'**

교토는 8세기에 국가의 도읍으로 정해져, 수도가 도쿄로 바뀌는 19세기 중반까지 약 1,200여 년간 일본의 정치, 경제, 문화의 중심지로 번영하였다. 그런 관계로 오랜 세월에 걸쳐 세워진 절과 신사가 많이 남아 있으며, 기요미즈 절, 니조 성 등을 비롯한 17개소의 사적이 세계문화유산으로 등록되어 있다. 교토에는 소매가 긴 기모노 차림의 마이코(연회석에서 춤을 추는 동기)가 거리를 오가는 기온과 19세기에도 시대의 격자문이 특징적인 가옥들이 남아 있는 거리, 선명한 색상의 실로 짠 전통공예 니시진 오리(직물)의 마을 니시진 등이 있다. 그리고 초여름의 아오이 축제, 여름의 기온 축제, 가을의 지다이 축제 등 교토 3대 축제와 여름의 불교 행사인 우란분에 행해지는 다이몬지 5산의 오쿠리비(저승으로 돌아가는 선조의 영혼을 기리기 위해 피우는 불)는 일본에서뿐만 아니라 국제적으로도 유명하다.

교토 벚꽃축제에 기모노 차림을 한 아가씨들

교토의 유명한 절 청수사

천 개의 불상을 모시고 있는 일본 국보 산쥬산겐도三十三間堂

교토 국립박물관

한국의 인사동 거리와 유사한 교토 구시가지

교토시를 벗어나 178번 도로를 이용하여 서쪽 바닷가 미야즈宮津시 아마노하시다테天橋立를 가보았다. 일본 3경에 선정된 곳으로, 교토부의 북부와 일본해에 접한 미야즈 만에 있으며, 단고 반도의 에지리부터 미야즈만으로 향하는 길이 약 3㎞, 폭 40~100m에 걸쳐서 뻗어 있다. 만 내의 조류와 바람에 의해 모래가 퇴적하여 형성된 사취에 약 8천 그루의 흑송이 우거진 바다의 다리와 비슷한 경관은 백사청송이라 칭하여 아름다움을 과시하고 있다.

머리를 숙여서 양다리 사이로 보면 마치 하늘에 걸린 다리처럼 보인다. 아마노하시다테는 히로시마현의 미야지마 미야기현의 마츠시마와 더불어 일본 3경의 하나로 손꼽힌다.

미야즈 측에 접한 다리 부분은 인공으로 만들어진 회선교로 배가 지나갈 때마다 회전한다. 케이블카로 산정에 올라가면 관광선을 타고 바다에서 보는 것과는 다른 각도에서 아마노하시다테의 경치를 즐길 수 있다. 여름철 밤에는 약 170개의 횃불이 아마노하시다테를 비추는 '불꽃 다리'가 행해진다. 불타는 횃불은 밤하늘에 빛나는 은하를 생각하게 하며 쏘아 올린 불꽃놀이가 해면에 비친 불꽃과 겹쳐져 바다 건너에서 보는 전망은 환상적이라고 할 수 있다. 주변에는 아마노하시다테 온천이 있으며 피부가 고와지는 효과가 있다고 한다.

우리는 케이블카 정거장 옆길로 차량을 이용 좁은 도로를 따라 중턱 부근 100년 이상 된 겐묘안玄妙庵 료칸(1인당 숙박료 28만 원의 고급 정통 여관)에 도착했다. 여행 이야기를 나누다 보니 영국인의 젊은 여성 직원이 초대해준 테라스 전망대에서 아름다운 전경을 배경으로 함께 사진을 남기고 기념품까지 얻는 행운을 받았다.

젠묘안玄妙庵 료칸 바로 위에 있는 케이블카 전망대

젠묘안玄妙庵 료칸의 직원과 함께

교토여행을 마치고 173번 도로를 따라 일본 제2의 도시인 오사카大阪부 도시의 화려함 속으로 여행의 발길을 옮겨보았다. 항구도시로서의 엄청난 물류 이동이 있어 차량과 복잡한 도시의 번화가 등이 국제적인 규모를 자랑하고 있다. 일본이 자랑하는 근대 도시의 모습을 볼 수 있었다.

일본의 중서부, 긴키 지방의 중앙에 위치하는 오사카 부는 일본의 현, 도, 부 중에서 가장 작은 면적이면서도, 인구와 인구밀도는 수도 도쿄에 이어서 일본 2위를 자랑한다. 옛 일본의 수도였던 교토와 나라에 가까운 지리적 조건으로 수륙교통의 요충지로서, 또 상업 도시로서 크게 발전해 왔다.

오사카 시내에는 5층의 덴슈각天守閣을 중심으로 약 6만 제곱미터의 잔디 공원이 펼쳐져 있는 오사카 성이 있으며, 특히 봄 벚꽃 철에는 꽃을 보러온 관광객으로 붐빈다. 우메다를 중심으로 하는 기타 지구, 서민적인 번화가 난바와 도톤보리 강 양편에 음식점이 즐비한 도톤보리를 중심으로 한 지역은 미나미(남쪽)라고 불리고 있다. 미나미는 연예의 거리로 알려져, 많은 극장과 영화관이 모여있다. 오사카의 새로운 명소로서 워터프론트의 개발이 진행되고 있으며, 높이 112m의 대규모 관람차와 쇼핑센터 산토리 뮤지엄 등이 있는 덴포잔 하버 빌리지와 일본 최대 규모의 아울렛이 있는 ATC가 인기를 끌고 있다.

오사카 성에서 여행 온 고등학교 친구와 가족을 만나다

오사카성 주변 빌딩 모습과 야경

바다를 메워 건설한 간사이국제공항関西国際空港(1987~1989년에 완공)은 바위와 4만8천 개의 8각 콘크리트 블록으로 만들어진 것이다. 3개의 산을 파내어 2천1백만 톤의 돌과 흙을 그곳에 메웠다. 30m의 토양이 바다 안에 채워 넣어졌다. 1990년에 완성된 다리를 보고 우리의 인천공항이 떠올랐다.

간사이 국제공항 터미널 앞

북쪽 야마가타현에 있는 1,400m 초카이산에서 만난 가족이 히로시마에 거주한다고 하여 주소를 받아 들고 두 번째 들른 오사카시에서 물어물어 집을 찾아갔다. 너무나 반가워하는 가족들과 함께 통하지 않는 말들로 반가움을 나누고 간식으로 모찌와 집에 있는 기념품을 건네주어 정표로 받았다. 타국에서의 여행의 진미를 맛본 순간이었다.

초카이산에서 만난 이노우에히로시 가족

오사카여행을 마치고 42번 도로를 따라 나라奈良현은 일본에서 가장 큰 대불이 있는 세계최대의 목조 건물인 도다이지東大寺와 뛰어난 많은 절이 황실과 귀족의 보호를 받으며 건립되었다. 7세기 초에 창건된 것으로 전해지는 호류지는 현존하는 가장 오래된 사원으로 알려져 있다. 일본 제일의 벚꽃의 명소로 알려져 있는 요시노야마산과 같은 경승지와 사람과도 친숙한 사슴이 많은 것으로 유명한 나라 공원도 있어 관광객의 발길이 끊기지 않는다.

와카쿠사산의 벚꽃과 사슴들

도다이지

나라 현에 있는 지붕 모양이 독특한 천리시청사 건물

미에三重현의 이세 신궁은 태양을 상징하는 여신인 아마테라스 오미카미를 모시고 있어 연간 600만 명이 넘는 참배객으로 붐비고 있다.

미애현을 뒤로하고 도쿄가 가까워지니까 1번 국도를 이용하여 아이치愛知현, 나고야名古屋시로 들어가 보기로 하였다.

도쿄와 오사카를 연결하는 교통의 요충지로 번성하였다. 그 상징이 바로 나고야 성이다. 제2차 세계대전 때 공습을 당해 지금의 성은 재건된 것이지만, 성의 지붕 위에 설치된 금색의 샤치호코 또한 나고야의 상징이다. 물고기 형상을 한 상상 속의 동물로 화재가 일어나지 않도록 기원하기 위해서 만들어졌다고 한다. 새로운 랜드마크로 탄생한, 나고야 역이 있는 빌딩 JR센트럴타워즈는 높이 245m로 역 빌딩으로서는 최고 높이이다.

지타 반도에 지어진 해변 고급리조트 건물들

나고야성과 나고야역

나고야시를 벗어나 153번 도로를 따라 세계일등 자동차 도시라고 자랑하는 도요타豊田시에 도착하였다. 도요타시에는 2002년도 월드컵 축구경기장이 웅장하게 자리 잡고 있으며, 도시는 공업 도시의 위용을 나타내고 있다. 도요타 자동차 최고 두뇌연구소 건물이 위용을 자랑하고 외부인의 접근을 엄격히 차단하는 경비원들과 외부감시 장비들이 담벼락 건물 모퉁이마다 즐비하게 설치되어있다. 도요타 자동차 건물 대지가 엄청나게 넓어서 자동차로 주변을 돌아보는데 20여분 이상이 소요되는 느낌이었다.

도요타시에서 인접한 나가노長野현으로 가기 위해 151번 도로를 이용했다. 이동 중 텐류오쿠미카와 국정 공원에 들렀다. 기암괴석의 계곡과 거대한 물줄기가 만나는 텐류코天龍峽를 만날 수 있었다.

2002년 한·일 월드컵 때 건축된 도요타시에 있는 축구경기장

덴류쿄天龍峽

절벽과 거대 암석이 즐비한 계곡을 민물 생선을 구워 먹으면서 유람할 수 있는 덴류쿄는 덴류 강이 이나 산지를 횡단하는 지역의 암석이 오랜 세월에 걸쳐 침식하여 생긴 협곡이다. 협곡의 양편에는 에보시암과 료카봉 등 박력 있는 절벽이 늘어서 있으며, 배 위에서도 이 절경을 즐길 수 있다. 덴류코 다리를 지나 가류 협곡 등의 난관을 지나, 때로는 물보라에 젖으며 대자연의 매력을 만끽할 수 있다. 종점인 덴류쿄 역 근처의 덴류코 항까지 1시간 정도 소요된다.

덴류코역 관광안내 봉사자분들과 강변 온천마을

나가노長野현은 험준한 산악과 한적한 고원, 동서 문화와 영향을 함께 받으며 발전하고 있는 일본의 지붕으로 불리는 혼슈의 중앙에 있는 내륙 현이다. 현의 중앙부에는 나스, 후지, 노리쿠라의 화산대에 속하는 산들을 비롯해서, 서쪽으로는 일본 알프스라고 불리는 해발 3,000m의 산들이 늘어서 있다. 높고 험준한 산악지대와 한적한 고원을 겸비하며, 98년에 동계 올림픽이 개최된 곳이기도 하다.

미나미알프스를 가는 도중 이나시에 거주하고 있는 부부를 만났다. 한국인 아내는 서울에서 거주하다가 일본인 남편을 만나 이나시에서 살고 있단다. 아내가 서울 차량번호를 보고 놀라움에 우리 차 옆으로 와서 한국인이냐고 물어 본다. 정차하여 이야기 나누니 어떻게 서울에서 차량을 몰고 왔다고 놀라움과 반가움에 감싸 안는다. 그 날 저녁 고급 요릿집에서 식사를 대접받고 집으로 초대를 받았다. 그 집에서 하루 묵고 40일 동안 먹어보지 못한 한국식 아침 식단으로 가득 차려주시고, 아침 식사 후 하루 시간을 내어 가이드까지 해주신 부부에게 무한한 감동을 받았다.

두 분의 행복한 모습과 만남의 추억,

감동을 영원히 잊지 않을 겁니다.

중앙 알프스와 스와코호수에서 김도화 님과 함께

중앙 알프스 구로버댐 정상, 해발 3,000m에 있는 눈 터널 길

마쓰모토시의 마쓰모토성

나가노시의 시내 모습. 한국 인사동 거리와 비슷하다

장대한 자연을 가지고 있는 나가노현을 떠나 20번 국도와 138번 도로를 따라 이동했다. 시즈오카静岡현으로 들어서면서 일본 최고의 산인 후지富士산을 향한다.

시즈오카는 도쿄와 오사카 사이에 있어 오래전부터 동서의 문화 경제의 교류지역으로 번영해 왔다. 일본의 최고봉인 후지 산을 비롯하여 후지 화산대가 동쪽 이즈 반도까지 이어져 있기 때문에 현 내에는 풍부한 온천이 있으며, 일본에서도 대표적인 관광·휴양지로 알려져 있다. 또한 스루가만과 엔슈만, 하마나 호수 등의 바다와 호수, 덴류강 등의 많은 하천과 그 하구에 펼쳐진 평야와 다양한 천혜의 자연환경을 지니고 있다.

현의 행정과 경제의 중심도시인 시즈오카시는 전국시대의 무장 도쿠가와 이에야스가 세운 순푸성을 중심으로 발달한 도시로 유적과 중공업이 발달했다.

나가노시에서 열린 1998년에 동계 올림픽 성화대와 메인 스타디움

최고 3,776m를 자랑하는
'후지산'

후지富士**산은** 야마나시 현 남동부, 시즈오카 현과의 경계에 있는 해발 3,776m의 일본 최고봉이다. 웅대함과 원추형 모양의 아름다움은 그림과 문학의 소재로서 많이 거론되며, 주위에는 후지고코와 낮에도 어두컴컴한 아오키가하라숲 등이 있고 후지산의 분화를 막기 위해 창건된 기타구치혼구후지센겐 신사가 있다. 여름이 끝날 무렵에 열리는 등산로 폐쇄축제인 불 축제는 일본 3대 기이한 축제의 하나로 꼽히고 있다. 후지산은 일본 산악신앙의 중심적 존재이며, 오늘날에는 관광 등산으로 많은 사람이 산 정상에서 일출을 보기 위해 산에 오르고 있다. 후지산 중턱 2,400m까지는 도로가 있어 전망대에서 사계절 아름다운 경치를 바라볼 수 있다.

후지산 아래
기차역 광장에서 보이는 정상

하코네호수와 후지산 석양

후지산 등정 시작, 해발 3,200m 부근이다

후지산 등반 시작 5시간째 해발 3,500m 부근에 도착했다

등정 시작 6시간 30분 만에 3,770m 정상에 서다

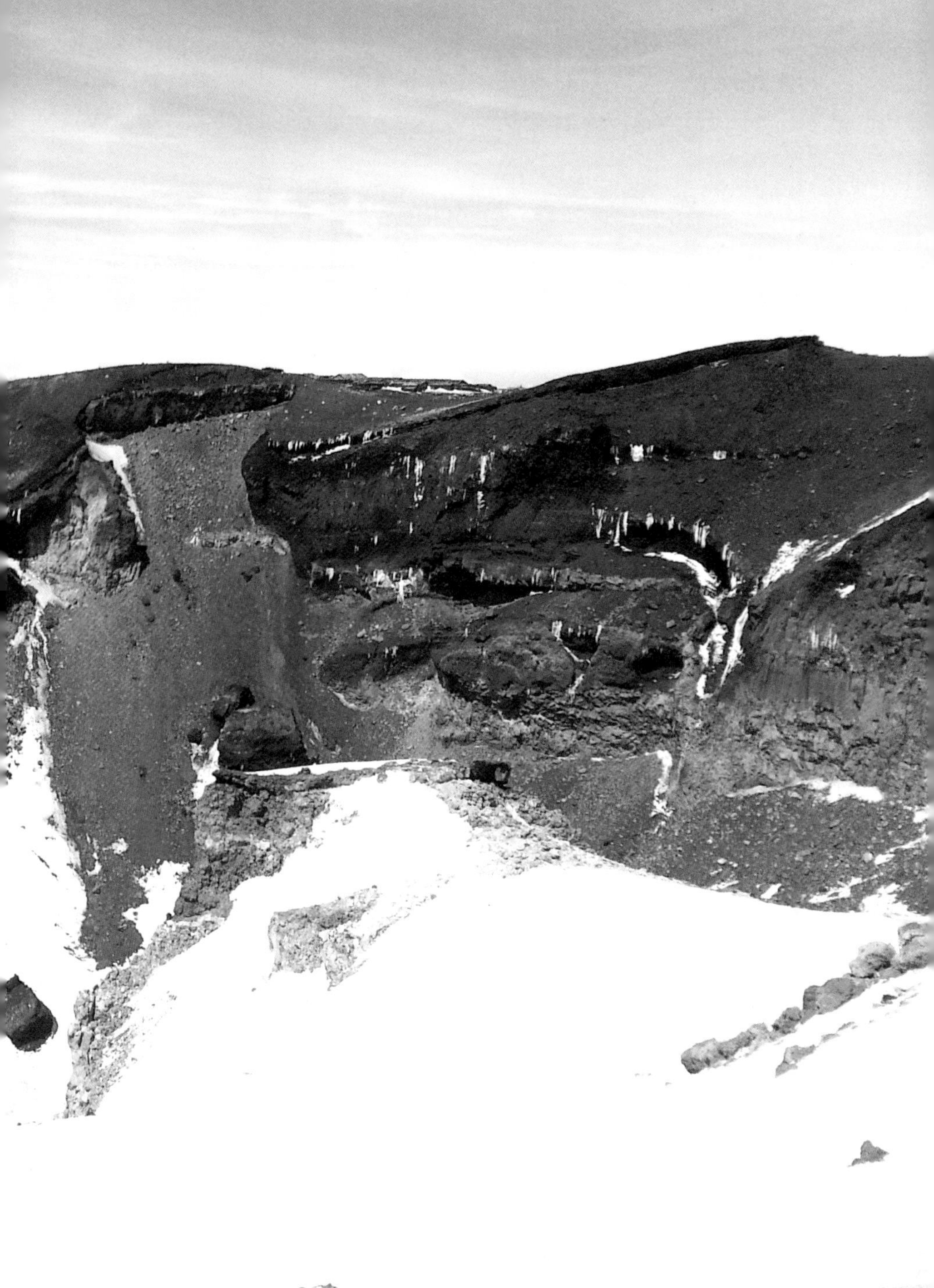

후시산 정상에서 내려다본 분화구

일본을 여행하는 90일 동안 최고의 감동을 주고, 어려움을 이겨낸 후지산 등정이다. 왕복 11시간 동안 완주를 마치고 산 아래로 도착 온천마을에서 피로를 풀고 휴식을 가졌다.

감동의 등정과 휴식을 마치고 동쪽 아름다운 휴양지로 유명한 이즈반도伊豆半島의 풍광을 보기 위하여 136번 도로를 따라 이동했다. 이동 중 이즈국립공원에 들렀다. 울창한 삼나무 숲 곳곳의 온천과 계곡 그리고 드넓은 고원지대는 몇 번을 둘러보아도 아깝지 않다.

이즈반도 휴게소에 있는 야외 족욕 온천탕

후지산 등정의 여독도 풀리고 일본 최대도시 도쿄東京로 들어가기 위하여 국도 1번을 이용하니 해안가 큰 공업 도시 요코하마横浜가 보인다. 요코하마에는 일본최대 차이나타운이 형성되었는데 19세기 중반 일본과의 통상을 요구하는 미국의 함선이 내항함으로써, 200년 이상에 걸친 일본의 쇄국이 풀렸다. 그와 동시에 개항된 요코하마 항에는 구미歐美의 상인들이 모여들었으며, 일본어를 모르는 그들과의 중개인으로 중국인이 들어옴에 따라 형성된 것이 차이나타운의 시초이다. 동서남북 4개의 문으로 둘러싸여 있다. 서쪽의 엔페이문으로 들어가서 서문 거리를 지나면 중화가의 상징인 젠린문이 보인다. 이곳에서 조요문까지가 메인 스트리트로 이 거리를 중심으로 뒷골목에 이르기까지 약 700m 사방의 지역에 중화요리점, 식품재료 도매상, 잡화점 등이 즐비하게 있다. 가게 숫자는 300여 개를 넘어 세계에서도 최대급의 차이나타운을 형성하고 있으며, 특히 중화요리에 관해서는 광동 요리를 중심으로 북경 상하이 사천 등 중국 각지의 다채로운 요리를 맛볼 수 있다. 신년에는 정월을 경축하는 춘절 여름에는 삼국지의 영웅 관우의 탄생일을 경축하는 축제 가을에는 중국의 건국을 경축하는 국경절 등의 축제가 열리고 있다.

요코하마의 번화가를 지나 도쿄 방향으로 가다보면 인구 150만 공업 도시 가와사키川崎시에 들어서게 된다. 가와사키시에 도착하니 벌써 도쿄에 들어선 기분이 난다. 역 주변의 고층빌딩 숲과 번화가의 거리풍경 엄청난 차량들의 물결과 밀려다니는 사거리 인파에서 거대한 도시임을 느낄 수 있다.

요코하마 번화가

기대와 설렘으로 다가간 **'도쿄'**

도쿄도東京都**는** 세계에서도 많은 인구가 밀집한 도시 중의 하나로, 1,100만 명 이상의 사람들이 거주하는 일본의 수도이다. 17세기 초, 장군 도쿠가와 이에야스가 이곳에 막부를 연 이래 거성인 에도성 중심으로 성을 에워싸듯이 주변에 시민들의 거주지가 전개되어 발전해 왔다. 1923년의 간토 대지진을 비롯하여, 제2차 세계대전 등에 의해 많은 시가지가 폐허가 되었으나 그때마다 부흥을 이룩해 지금에 이르고 있다.

도쿄는 일본의 정치 및 경제의 중심일 뿐만 아니라 세계의 경제 문화의 중심지로 발전하였으며, 그런 만큼 볼만한 곳도 많이 있다. 세계의 유명 브랜드가 모여 있는 긴자, 불야성이라고도 일컬어지는 신주쿠, 전통문화의 향기가 남아 있는 아사쿠사, 젊은이들의 문화의 발신지인 시부야 같은 대규모 번화가뿐만 아니라 전기상가가 밀집해 있어 외국인 쇼핑객들의 모습도 눈에 띄는 컴퓨터 거리인 아키하바라, 일본의 식탁을 책임지는 쓰키지 시장 등 특색 있는 거리가 많이 있다.

도쿄도 신주쿠 구에 위치하는 신도심 신주쿠역은 JR 주오선을 비롯하여 야마노테선, 소부선, 사이쿄선 그리고 도영지하철 신주쿠선, 오에도선 및 사철인 오다큐선, 게이오선, 세이부 신주쿠선 등 각 철도가 집중하는 대형 터미널로 하루에 50만 명이 넘는 사람들이 이 역을 이용하고 있다.

신주쿠新宿는 도쿄도청을 중심으로 고층빌딩이 들어서 있는 오피스가인 니시구치지역, 쇼핑과 오락 등 복합시설을 중심으로 한 신주쿠의 새로운 얼굴인 미나미구치 지역, 불야성이라고도 일컬어지는 가부키초를 중심으로 한 일본 유수의 환락가 등으로 크게 나눌 수 있다. 그리고 백화점 등 대형점포가 즐비한 히가시구치가 있으며, 각 지역이 서로 잘 연결되어 있다.

히가시구치 주변의 번화가에서 10분 거리의 남쪽에는 1906년 프랑스인 기사의 지도 아래 만들어진 일본 유수의 풍경식 정원인 신주쿠교엔이 있다. 플라타너스 가로수가 아름다운 프랑스식 정원과 높이 솟은 나무들과 넓은 잔디밭의 영국식 정원 그리고 여기에 창포 연못과 찻집 등을 배치한 일본식 정원이 서로 조화를 잘 이루고 있다. 60 ha의 넓이를 가진 녹음 짙은 공간은 역 주변의 번잡함이 거짓말인 것처럼 한적한 정취에 둘러싸여 있으며, 도쿄의 한복판에 있음에도 꽃과 새들

도쿄도청사 표지석

의 명소로 알려져 찾는 이들의 발길이 끊이지 않는다.

도쿄도청과 2020년 두 번째 올림픽 개최를 알리는 현수막

긴자銀座는 일본의 대표적인 번화가로, 1,600년대에 은화를 주조하는 은좌가 설치된 것에서 이 이름이 붙여졌다. 1가에서 8가까지 있으며, 메인 주오거리, 메인도로와 나란히 뻗어있는 나미키거리, 스즈란거리 등 긴 역사를 지닌 일본의 오래된 점포와 세계의 유명 브랜드 매장이 들어서 있다.

도쿄도청 전망대에서 내려다본 신주쿠의 야경

긴자 쇼핑거리

니혼바시日本橋는 니혼바시 강에 세워진 다리이다. 이 다리는 17세기 도쿠가와 막부의 에도시대에 정비된 5개 가도의 기점이 되었으며, 현재도 일본국 도로원표 동판이 설치되어 있어 일본의 모든 도로의 기점이 되고 있다. 긴자에 인접한 니혼바시 일대에는 유명 백화점 외에 에도시대부터 내려오는 오래된 점포가 많이 있다. 1923년에 발생한 간토 대지진 전까지는 이곳에 수산물 포구가 있어 도쿄의 식탁을 채워주는 시장으로 번영했던 지역이기도 하다.

시부야渋谷는 JR 야마노테선, 사이쿄선, 도큐도요코선, 덴엔도시선, 게이오이노가시라선, 지하철 긴자선, 한조몬선이 집중하는 터미널로 긴자, 신주쿠, 이케부쿠로, 아사쿠와 함께 도내 유수의 번화가이다. 이 거리는 거리와 지역별로 각각 다른 얼굴을 보여주는 것이 특징이다. 패션상가, 패스트푸드점, 게임센터 등이 밀집한 중심가는 젊은이들의 유행 중심지로 주목을 받고 있으며, 밤낮을 가리지 않고 10대를 중심으로 젊은이들이 항상 붐비고 있어 시부야역 앞과 골목은 오후에는 걸어 다니기가 힘든 정도이다.

시부야역

시부야역 앞에 모인 인파들

시부야 신주쿠를 거쳐 한국인 거리라고도 불리는 신오쿠보新大久保 지역을 관광했다. 먹거리 지역 골목과 번화가 거리에는 한국어 간판이 즐비하고 한국 상품만 판매하는 상점들이 많이 있고 한국 음식점이 상당히 많 있다.

시부야 신오쿠보 한국 슈퍼마켓

오다이바공원에서 가족들 모임, 롯본기 힐

도쿄타워와 도쿄역

메이지 신사

한적하고 고풍스러운 나무집 형태의 오쿠타마역사

8일간의 도쿄 중심 여행을 마치고 도심을 벗어난 서부 타마 외곽지역 관광을 마쳤다. 도쿄보다 작은 도시를 관광하기는 흥미가 떨어져 일본 최북단 홋카이도를 먼저 보기로 하고 이번에는 도쿄에서 고속도로를 이용했다. 아모모리까지 약 800㎞를 달리고 고속도로 통행료만 우리 돈 17만 원정도를 통행료로 지불하였다.

겨울이 아직 남아 있네!
'홋카이도'

일본의 최북단에 있는 홋카이도北海道는 사방이 바다로 둘러싸인 섬이다. 또한 일본 국토의 약 22%를 차지하는 광대한 토지가 펼쳐져 있다. 습도가 낮아 지내기 좋은 여름과 스키를 비롯하여 스포츠를 즐길 수 있는 겨울은 물론, 사계절을 통해 관광지로서 인기를 끌고 있다.

홋카이도의 지붕인 다이세쓰 산 국립공원, 비경이 남아 있는 시레토코 반도, 단학 같은 귀중한 생물이 서식하는 구시로 습지, 수많은 화산과 호수가 있는 시코쓰도야 국립공원, 다양한 얼굴을 가진 샤코탄 해안 등 웅대한 자연을 즐길 수 있는 관광 명소가 즐비하다. 그리고 노보리베쓰, 조잔 계곡, 소운 해협 등의 많은 온천지가 있어 여유롭게 여행을 즐길 수 있다.

겨울에 열리는 삿포로의 눈 축제 및 몬베쓰의 유빙 축제, 여름에 열리는 후라노의 라벤다 축제, 풍어와 조업의 안전을 기원하며 연안 각 도시에서 여름에 열리는 항구축제 등 홋카이도에서는 연간 약 1,200

회 이상의 계절별 축제와 이벤트가 풍부하게 개최되고 있다. 계절마다 다채로운 모습의 홋카이도를 즐길 수 있다.

아로모리青森항구에서 카훼리 승선표를 구입하고 차량과 함께 승선했다. 눈과 온천 광활하게 펼쳐지는 고원의 모습을 그려보면서 홋카이도를 가기 위한 일본에서 도시경치와 야경이 3선에 꼽힌다는 아름다운 하코다테函館항구로 출발했다.

아오모리항구에서 출발준비를 하며 카페리에 차량 승선대기

하코다테函館시는 홋카이도 남서부에 위치하며 쓰가루 해협에 닿아 있다. 19세기 말에 개항되어 외국과의 무역항으로 발전한 도시로서 세이칸 터널로 혼슈와 연결된 홋카이도의 현관이다. 역 근처는 360여 개의 점포가 늘어서는 새벽시장이 열리며, 금방 잡힌 오징어, 가리비, 연어 등 신선하고 다양한 어패류를 찾는 사람들로 언제나 활기가 넘친다.

역에서 걸어서 5분 거리에는 예전에 혼슈의 아오모리와 홋카이도를 연결하던 세이칸 연락선이 메모리얼쉽 마슈마루로 남아 있다. 뱃머리 부분에는 레스토랑과 찻집도 있어 항구의 경치를 바라보며 휴식을 취할 수도 있다. 모토마치 주변은 국가의 중요문화재인 예전의 모습을 간직하고 있는 하코다테 공회당과 영국영사관 하코다테, 해리스트 정교회, 히가시혼간지 별원 등 일본과 서양문화가 융합된 독특한 분위기가 남아 있는 시가지이다. 그리고 하코다테 항을 바라보는 워터프런트에는 붉은 벽돌의 창고를 개조한 쇼핑몰을 비롯하여 가나모리 양물관, 하코다테 비어홀 등이 있다.

홍콩, 나폴리와 더불어 세계 3대 야경이라 불리는 하코다테시 근교에는 볼만한 곳이 많이 있다. 하코다테 시 남서쪽에 위치하고 쓰가루 해협을 바라보고 있는 하코다테 산은 소가 잠자고 있는 형태라 하여 가규산이라고도 하며, 길이 835m의 로프웨이가 해발 332m의 정상으로 실어주는데 우리는 전망대로 가는 도로를 이용하여 정상으로 갔다. 전천후형의 전망대로부터 하코다테항과 시가지는 물론 남쪽으로는 시모키타 반도까지 360도의 경관을 바라볼 수 있다. 특히 홍콩, 나폴리와 더불어 세계 3대 야경이라 하는 밤의 전망은 바다 멀리 어선의 불빛까지 곁들여 그야말로 절경이라 떠나기가 아쉬워 몇 번을 맴돌고 결국 저녁 잠자리는 전망대 아래 주차장에서 하룻밤을 지내고 아침 일찍 하코다테 일출을 보았다.

하코다테 역에서 언덕 쪽으로 가다 보면 있는 트라피스치누 수도원은 1898년 프랑스에서 파견된 8명의 수녀에 의하여 창설되었으며, 성모마리아상과 잔다르크상이 서있는 앞쪽 마당은 일반에게 공개되고 있어 관람할 수 있었다. 개항 당시에 들어와 돌아가신 영국인들의 외국인 묘지공원 등 개항 당시의 풍경들이 많이 남아 있는 모습에 200년 전으로 돌아가는 것만 같은 느낌을 받을 수 있다.

하코다테 전망대에서 내려다본 아름다운 시내

하코다테 시의 중심에서 5㎞ 떨어진 거리에 쓰가루 해협으로 흐르는 마쓰구라 강 하구에는 유노가와 온천이 있다. 한여름은 해수욕장으로, 가을은 오징어잡이 배의 불빛이 아름다운 것으로 잘 알려져 있다.

하코다테 전망대에서 본 야경

하코다테 시내를 다니는 전차

예전에 사용하던 하코다테 공회당

예전에 사용하던 러시아영사관

예전에 사용하던 러시아 정교회

하코다테의 아름다움을 뒤로하고 37번 도로와 230번 도로를 이용하여 북쪽 삿포로 쪽으로 이동했다. 높은 산악지대를 오르는데 4월 말인데 도로 옆으로는 2m 이상 눈이 쌓인 벽들을 지났다. 눈벽을 지나 오르니 큰 호수인 도야호수洞爺湖가 감동으로 반겨준다. 도야호수는 시코쓰도야 국립공원에 속해 있으며, 20세기 초엽에 화산활동이 거듭되면서 함몰하여 생긴 호수이다. 호수면적이 넓은 데 비해 바깥쪽 산이 호수면 보다 약 200~500m 낮기 때문에 보는 사람에게 광활한 느낌을 준다.

호반 주변에는 1943년의 지진에 의한 지각변동으로 일대가 융기하여 생긴 쇼와신산이 있으며, 지금도 흰 연기를 내뿜고 있다. 둘레 43㎞의 칼데라 호반에 펼쳐져 있는 온천 리조트단지다. 호수는 겨울에도 결빙되는 일이 없으며, 일본에서도 최북단의 부동호로 일 년 내내 아름답고 깨끗하기로 유명하며 호수에 떠있는 나카노섬에는 도야호 삼림박물관이 있으며 관광선이 운행한다. 그리고 각시송어와 빙어낚시를 즐길 수도 있으며, 주변에는 1977년에 일어난 분화를 영상 서라운드 시스템이 갖추어진 음향효과로 리얼하게 보여주는 화산과학관을 비롯하여 캠프장 등의 시설이 갖추어져 있어 여행을 보다 편리하게 도와준다.

휴게소에서도 역시나 중국인 관광객이 관광버스로 4대가 도착 휴게소 1층 기념품 상가 2층 식당에는 들어갈 자리가 모자라서 난리법석이었다. 대단한 소음에 정신이 하나도 없다. 일본 관광지마다 중국인 단체 관광이 휩쓸고 다니는데 후지산 전망대에도 관광차 100여 대 가까이 도착하고 관광객들을 구름처럼 내려놓아 정신이 없을 정도였는데 여기서도 만났다.

5월에도 눈이 쌓인 도로 옆에 낙설방지 철망 구조물 모습

거대한 도야호수의 중앙에 떠 있는 섬

기념품점에 백곰이 나오고, 불곰에게 손가락을 물리다

도야호와 드넓은 홋카이도 땅을 실감하면서 국도 230번 도로를 주행했다. 4월 말인데도 주변은 아직도 눈을 치우고 스키장은 스키 타는 젊은이들이 리조트에 계속 들어가고 산등성이마다 슬로프에 눈이 그대로 있었다.

리조트 세븐일레븐 편의점에는 음식물을 먹지 말라는 말이 한국어로 적혀있다. 한국의 젊은이들이 스키 타러 많이들 오는 모양이다. 일본에 있는 모든 편의점에서는 음식물을 먹지 못하게 되어있어 도시락을 구입해도 전자레인지에 데워는 주는데 편의점 내에서는 먹을 수 없다. 그래서 사람들이 컵라면, 도시락, 튀김, 어묵 등을 구입하고 차량에서 먹고 떠난다.

230번 도로, 75㎞를 가면 삿포로가 나온다는 이정표가 보인다

삿포로札幌시는 바둑판 모양으로 질서 있게 구획된 시가지로 이루어진 도내 최대의 도시이며, 잘 정돈된 모습에서 일본인의 정갈함이

배어 나온다. 시의 중심에 위치하면서 동서로 길게 펼쳐지는 오도리공원은 수많은 오브제와 분수, 라일락과 아카시아 나무 아름다운 화단이 설치된 현대적인 도시 삿포로를 보여주는 대표적인 공원이다. 도시 북부에는 회사 금융기관 도청 등 관청이 들어서 있으며 남쪽에는 대규모 지하상가가 위치하여 도시의 쇼핑센터로 인기를 모으고 있다. 도내 각지로 통하는 교통의 거점이 된 삿포로 역에는 JR(일본철도) 지하철 노선버스 관광버스 등이 직결되어 있어 여행의 편리함을 더해 준다.

시내에는 1세기 이상의 역사를 가지고 있는 삿포로 시계탑과 일몰 후 아름답게 불이 켜지는 '아카렌가(붉은색 구운 벽돌)'라는 애칭을 가진 네오바로크 건축의 구 홋카이도 청사 그리고 삿포로 농업학교를 전신으로 하는 홋카이도 대학의 포플러 가로수 등 볼만한 곳이 많다.

길이 1,400m가 넘는 오도리공원에서는 여름에는 맥주 광장이 개설되며, 겨울에는 삿포로 최대의 이벤트인 삿포로 눈축제가 열린다. 눈축제에서는 웅장한 눈 조각과 아름답고 기묘한 얼음조각이 넓은 공원을 별세계로 장식하여 세계 곳곳에서 찾아오는 관광객들을 꿈의 세계로 인도해준다.

삿포로시 옆 이시카리石狩시에 있는 이시카리 평야의 히쓰지가오카는 완만한 구릉지로, 방목된 양들이 한가롭게 풀을 뜯는 목가적인 풍경을 자아낸다. 특히 초원 전체가 금빛으로 물드는 석양 무렵의 경치는 일품이며, 삿포로 시가지와 평지가 이어지는 이시카리 평야를 한눈에 볼 수 있는 전망대는 찾는 관광객들의 발길이 끊이지 않는다. 전망대 일각에는 'Boys be ambitious(소년이여 꿈을 가져라)'라는 말을 남긴 미국의 교육자 클라크 박사의 동상이 있다. 오늘날에도 클라크 박사는 홋카이도 개척의 아버지로 사랑받고 있으며, 이 말은 용기를 북돋워 주는 말로 사람들에게 자주 인용되고 있다. 클라크 박사의 동상에 불이 켜지는 야간에는 젊은이들의 촬영 장소로 각광받고 있다. 히쓰지가오카는 2002년 한국과 공동 개최한 월드컵축구대회의 개최지로 일본에서 다섯 번째의 다목적 스타디움인 삿포로 돔이 있는 곳이다.

삿포로 시내 모습과 전망대에서 본 야경

삿포로를 벗어나 273번 도로를 이용하여 다이세스大雪山 국립공원에 도착했다. 소도시 정도의 시가지가 있고 드넓은 논과 밭들이 평야를 이루고 있으며, 고원에 도착하여 하루 여정을 마치고 휴식을 취했다. 아침에 일어나 보니 멀리 삿포로 방향과 남쪽 방향의 해발 2,000m 정도의 산들이 10여 개가 병풍처럼 펼쳐져 있는데 장관의 모습에 감탄사가 절로 나오는데 청량한 아침 공기로 하루가 기대되는 광경이다. 주변 모습을 둘러보니 100년 전부터 소들을 키우는 목장지대이며, 1,000두 달성 기념 비석들이 세워져 있다.

다이세스大雪山공원에서의 일출

다이세스大雪山공원에 있는 사랑과 행운의 종

다이세스大雪山공원에서 보이는 평화로운 마을 풍경

다이세스 국립공원의 멋들어진 자연의 풍광을 담아두고 다시 동쪽으로 244번 도로를 따라 이동했다. 거대한 호수 드넓은 목장지대의 초원 거대한 논과 밭을 보면서 홋카이도 땅이 축복받은 땅이라고 계속해서 생각하면서 운전을 했다.

드디어 홋카이도 동쪽 끝 도시인 아바시리網走시에 도착했다. 홋카이도 북동부 오호츠크 연안 최대의 도시인 아바시리는 수산업과 관광으로 발전한 곳이다. 일 년 중 어느 때고 어패류를 맛볼 수 있으며, 자연 속의 화원과 호수, 유빙 등 홋카이도에서도 으뜸가는 자연의 아름다움을 간직하고 있는 곳이다. 봄부터 여름에 걸쳐 약 40종류의 꽃들이 만발하는 고시미즈 자연화원과 산호초로 뒤덮여 호수 전체가 새빨간 융단을 깔아놓은 것 같은 노토리 호수, 가늘고 긴 모래톱으로 바다와 경계를 이루는 사로마 호수 그리고 백조가 찾아오는 도후쓰 호수 등 볼거리로 가득하다.

교외의 덴토산은 아바시리의 전경을 한눈에 볼 수 있다. 한여름에도 진짜 유빙을 볼 수 있는 오호츠크 유빙 관에서는 영하 15도의 세계를 체험할 수 있다. 아바시리에 유빙이 도착하는 것은 매년 1월 하순 무렵이다. 왓카나이항에서는 유빙 관광 쇄빙선이 운항되고 있어 거칠면서도 푸른색의 아름다운 유빙을 눈앞에서 볼 수 있다.

아바시리로 넘어오는 길도 험준한 산악도로와 2,000m급 산악지대를 몇 개를 넘으면서 5월이 되었는데 아직도 길옆에는 2m 이상의 눈벽이 있고 정상부근 고갯마루에서는 함박눈이 내리고 있는 풍경에 잠시 차에서 내려 동심으로 돌아가는 마음으로 눈을 맞으면서 여행의 피로를 잠시 잊었다.

아바시리시 주변, 도로 옆으로 눈이 쌓여있다

아바시리시 주변 설산의 자작나무 숲길

홋카이도 동쪽 아바시리 전망대 태평양 방향등 이정표

아바시리시 주변 설산은 추운 지대라서 그런지 엄청나게 많은 자작나무가 있었다. 자작나무숲에서 정차하여 숲 속에서 자작나무 향기를 맡았다. 그리고 도로를 보면 달리는 방향 앞쪽에 구부러진 기둥에 매달린 빨강 흰색 화살표 막대기가 땅을 향해 매달려있다. 그건 야간에 가로등이 없는 대부분 지역에 전국의 산간도로 등 어두운 곳에 필수적으로 설치해 놓은 야광 안전 막대로 야간 운전 시 엄청나게 도움을 주는 방향지시 야광봉이며, 눈이 쌓이면 도로표시의 역할을 한다. 커브길 암벽이나 옹벽이 있는 길에도 어김없이 야광봉이 지팡이처럼 땅에 박혀있어 정말 도움이 되었다. 우리도 설치하면 좋겠다 싶었다. 전망대에서 내려다보는 넓은 아바시리 호수 전망대에 설치된 방향 이정표에 태평양 미국 방향을 가리키는 이정표를 보니 검푸른 태평양의 광경에 잠시 감동에 잠겨보는 시간을 가졌다.

일본은 지금 의원 선거기간인가 보다. 전망대 주차장에서 한국차량을 보고 신기해하시는 선거요원들과 어깨띠를 두르신 후보님이 반갑게 우리보고 투표하라고 악수를 하기에 한국 여행자라고 하니 그래도 괜찮다고 투표하라는 시늉으로 서로 한바탕 웃고 격려해주었다. 어깨띠를 두르신 후보님 열정에 당선되었을까. 어디에서나 선거하시는 분들은 유니폼을 입고 있다. 이분들은 빨간색 외투를 입고 있었다. 전망대 위에서 소리치며 파이팅! 외쳐주니 모두 저희를 보고는 안녕하고 손인사를 한다. 또 다른 일본 가족들과도 어설픈 일본말을 섞어서 대화하니 경이로움에 놀란다. 여행 무사히 잘하라는 인사말로 헤어지면서 다시 동남쪽으로 방향을 잡아 내려갔다.

아바시리시를 떠나 334번 도로를 이용하여 동쪽 끝인 시레토코知床 국립공원에 도착했다. 홋카이도 북동부 오호츠크 해에 돌출되어 있는 형태를 하고 있는 시레토코 반도는 일본의 마지막 비경이라고 일컬어지고 있으며, 원시림으로 뒤덮인 험준한 산악지대에는 바다가마우지와 하얀꼬리독수리 등의 야생동물이 서식하고 있다.

관광의 거점이 된 도시 우토로와 반도 동쪽의 라우스 우토로 항에서는 시레토코 관광선이 출항하고 있어 단애절벽으로 이어지는 반도의 절경을 즐길 수 있다. 관광선에서 볼 수 있는 수증기를 뿜어 올리며 떨어지는 가무이왓카 온천폭포를 비롯해 아름다운 자태로 인해 처녀의 눈물이라고 불리는 후레페 폭포 그리고 도로변에 있으면서 해안을 향해 호쾌하게 떨어지는 오신코신 폭포 등 시레토코는 폭포의 왕국이라고도 할 수 있다.

계속 남하하면서 244번 도로를 이용했다. 시베쓰 강이 배출한 토사를 해류가 날아와 만들어 놓은, 등을 구부린 새우 모양이라고 일컬어지는 독특한 형태의 노쓰케野付반도, 홋카이도 동부의 네무로해협과 노쓰케만에 실처럼 가늘게 돌출하여 길이 25㎞의 대지 초원과 습지대로 이루어진 일본 최대급의 분기 모래톱이다. 이 반도에서 볼 수 있는 것이 도도와라라고 불리는 나목(지리산의 고목枯木) 숲이다. 노쓰케 반도에 자생하는 분비나무가 해수에 씻겨 말라죽은 것으로 녹색 습지 한가운데 마치 백골처럼 변한 뿌리와 줄기가 초연히 모습을 보여주고 있다. 그 밖에도 강풍의 영향으로 기묘하게 뒤틀린 채 말라버린 물참나무숲도 볼만하다.

계속 하코다테 방향으로 38번 도로를 따라 이동하다 여정의 마무리길 235번 도로에서 외롭게 앞서가는 자전거 여행자를 발견했다. 앞서 추월하면서 보니 뒤에 1인용 카약이 든 캐리어를 달고 힘들게 가는 남성이었으며, 서양인으로 보였다. 안전지대에 주차하고 다가오기를 기다렸다가 만남을 가졌다. 이야기를 나누어보니 오스트리아인으로 40대 중년남성이었다. 인천항으로 거쳐서 서울, 제주도와 부산을 거쳐 일본 시모노세키항을 통해 배로 자전거를 싣고 홋카이도까지 와서 65일째 자전거 일주 중이란다. 자기도 홋카이도 일주 끝나가니 도쿄 쪽으로 갈 예정이라고 한다. 정말 감동 받았다. 우리 차량에서 따뜻한 물로 커피 한 잔씩 나누어 마시며 서로의 여행 이야기를 주거니 받거니 하면서 격려하고 후일을 기약하며 아쉽고 칭찬하면서 파이팅을 외치고 하이파이브를 보내며 격려와 서로 용기를 나눴다. 오스트리아인과의 만남은 홋카이도 여행에서 최고의 감동으로 남아 있다.

그와 헤어지고 서서히 하코다테 시내로 들어와 해 질 녘 하코다테 항구에 도착했다. 차량 승선을 준비하고 저녁을 마치고 항구의 마지막 풍경들을

남겨보면서 아름답고 웅장한 대지의 풍광을 그려보는 15일간의 홋카이도 여정을 마치고 본섬 최북단 아오모리 항구로 떠났다.

오스트리아 자전거 여행자 맥스피워치님과 함께

홋카이도의 초원에서 방목되었던 소들도,
배를 타고 본섬 사람들의 식탁 위로 가기 위하여 우리와 함께 승선준비를 하는 모습이 보인다.

하코다테 항구 선착장에서 떠나는 배를 확인하는 직원

익숙한 사과의 고장
'아오모리'

아오모리青森県**현은** 혼슈의 최북단에 위치하며 쓰가루해협을 사이에 두고 홋카이도와 마주 보고 있다. 7번 국도를 이용하여 세계 최대의 너도밤나무 원생림으로 세계유산에 등록된 시라카미 산지를 비롯하여 아름다운 계곡의 오이라세와 신비적인 아름다움으로 알려진 도와다호수, 아름다운 경관을 자랑하는 쓰가루국정공원, 혼슈 최북단의 시모키타반도국정공원 등 아오모리 현 내에는 풍부한 자연이 보전되어 있다. 특히 한국의 사과 품종 이름이 이곳 지명에서 유래되어 묘목과 함께 전달되었으며, 사과 판매장에는 우리가 흔히 부르는 이름 아오리, 부사, 세계제일이라는 사과 종류가 시장에서 판매되고 있습니다.

103번 국도를 따라 핫코다八甲田산은 아오모리 현의 중앙부에 늘어선 휴화산으로 오다케 산을 주봉으로 하는 기타핫코다와 구시가미네 산을 주봉으로 하는 미나미핫코다로 구성된다. 곳곳에 화산활동의 흔적인 늪과 습지가 있으며 원생림과 고산식물이 사계절의 아름다움을 보여준다. 주변에는 스카유 온천과 사루쿠라 온천, 야치 온천 등 온천이 산재하며 겨울에는 상고대가 발생하여 아름다움 속에서 스키를 만끽할 수 있는 것도 큰 매력이다.

7번 국도를 이용하여 히로사키弘前시는 히로사키 역 앞을 지나면 성을 중심으로 한 옛 모습을 그대로 간직하고 있는 모습이 펼쳐진다. 천수각이 남아 있는 히로사키 성터는 전국적으로 유명한 벚꽃의 명소로서 세계최대 벚꽃 도시로 알려져 있고 세 겹으로 설치된 해자와 토성으로 둘러싸인 히로사키공원으로 정비되어, 일반에게 개방되고 있다. 시 외곽에 있는 해발 1,625m의 이와키岩木산은 지그재그로 올라가는 산악 드라이브 도로를 이용하면 오를 수 있다. 8부 능선까지 올라보는 멋진 코스가 있고 하산하여 드넓은 자연공원과 운동공원의 멋진 풍경들을 함께 관람하고 아래 쪽에 있는 작은 온천마을에서 온천을 즐기면 더없는 즐거움이 된다. 특히 온천물은 입욕 후 30분 만에 은반지가 동반지로 변하는 유황온천지대로 유명한 곳이다.

해변 101번 도로를 따라서 남하하면 시라카미白神산지가 나온다. 아오모리현과 아키타현에 걸쳐있는 13만ha에 이르는 산악지대의 총칭으로 1993년에 세계자연유산으로 등록되었다. 인간의 손길이 거의 닿지 않은 원류 지역을 중심으로, 세계 최대라고 일컬어지는 너도밤나무 원시림이 있다.

도와다十和田호수는 해발 약 400m 산 위에 위치하는 도와다 호수는 대분화에 의해 생긴 화구가 함몰한 이중식 칼데라호이다. 약 327m

의 수심은 일본 3위를 자랑하며 투명도도 약 10m로 대단히 맑다.

동쪽 45번 국도를 따라 이와테현으로 가기 위하여 하시가미초 작은 마을 길가에 세계 각국의 차량번호판을 가게 앞에 붙여 세워놓은 오래된 미용실이 보인다. 미용실을 보니 호기심에 차를 돌려 가게 앞에 멈추고 문을 열고 들어가니 70대 할머니 미용사가 계시기에 우리 차량을 보여주고 한국 번호판은 왜 없느냐고 하니 내 차를 보시고 번호판을 떼어 달란다. 가게 안으로 들어오라고 끌어당기기에 주차장에 안내를 받아 미용실로 들어갔다. 70세의 할머니께서 50년 가까이 운영하는 미용실이라고 소개하는데 정말로 미용 의자, 가구, 기구들이 아주 오래되고 빛바랜 물건들로 가득하였다. 2층으로 안내해주는데 2층은 카페로 꾸며 놓고 커피를 판매하는데 동네 명소라고 자랑을 하신다. 아주 재미있고 활기찬 할머니로 할아버지는 돌아가시고 외아들은 도시에 거주하여 혼자서 가계를 운영하신다고 하신다. 가게 앞 2층 건물도 자기 가게라고 자랑을 하기에 건너편 가게를 저에게 주라고 하니 고민해보겠다고 하는 아주 재미있는 할머니였다. 젊은 시절 세계 여러 나라를 여행 다니면서 수집한 온갖 물건들을 2층 카페에 장식품으로 걸어 놓으셨다. 서울여행도 다녀왔다고 자랑하시고 한국의 꿀대추차 병을 내놓으시면서 한잔 타 주시면서 상표에 적힌 글을 무엇이라고 하느냐고 물어보기에 유치원생 한글 가르쳐 주듯이 하면서 휴식을 겸한 즐거움을 만드는 시간이 되었다. 차 안에 가지고 다니던 클라리넷과 색소폰을 가지고 와서 한참 연주해주니 춤추는 의상으로 갈아입고 춤추고 돌고 이웃 사람을 불러오고 배꼽 빠질 정도로 즐겁고 흥겨운 시간과 웃음이 가득한 잊지 못할 추억을 만들어 주신 할머니에게 감사의 마음을 전한다. 맛있는 커피와 간식을 주시고 즐거운 시간을 함께하다 보니 무려 4시간을 함께 했다. 할머니가 다음에 찾아갈 때까지 건강히 잘 계셨으면 하는 바람이다.

할머니가 운영하시는 미용실과 2층 카페 건물

색소폰 연주에 의상을 입고 춤까지 추신 히로코 할머니

히로사키시 벚꽃축제 주변 상가

히로사키시청 앞과 성터 벚꽃

이와키산 입구 농산물판매장에서 사미센을 연주한 부부

이와키산을 가기 전에 마을 농산물 직판장에서 시장을 보고 나오는데 우리 차량을 보시고 궁금해 하시는 분들이 있었다. 한국에서 왔다고 하니 부부가 본인들은 서울과 부산 등을 다녔다고 소개해 주시면서 반가움을 나타낸다. 자기는 공무원 퇴직 후 집에서 키운 농산물을 직판장에 내다 팔기도 한다며 인사를 나누었다. 잠시 기다리라고 하면서 차량에서 사미센을 가지고 와서 우리 부부를 위한 연주를 하여 주시고 커피와 간식으로 모찌를 사주시면서 즐거운 여행 되길 빌어 주셨다.

이와키산 온천수 온도 점검 후 관에 끈을 넣어 청소하는 모습

이와키산 온천마을의 350엔으로 즐길 수 있는 온천여관

이와키산 종합공원에서 파이팅을 외쳐주시는 분들

눈 덮인 이와키산에서 흘러내리는 눈 녹은 물과 계곡

이와키산 들판 사과밭에서 생산된 아오모리 사과 홍보 아가씨와 함께

히로사키 시청 앞 광장 사과 홍보부스 중
제주도관광협회 도쿄지부 홍보과장님을 제주도 홍보 부스에서 만났다

이와키산을 내려오면서 보이는 눈 쌓인 길

454번 국도 풍경과 도와다 호수

은광제련소가 있었던 표지 안내판과 유람선

검푸른 바다같이 파도가 있는 도와다 호수에서 만난 일본 가족

아오모리현을 지나 45번 국도에서 다시 내륙으로 281번 국도를 따라 이동했다. 이와테岩手현의 하치만타이八幡平는 이와테와 서쪽의 아키타 양 현에 걸친 해발 1,400~1,600m의 고원화산지대로 도와다 하치만다이 국립공원에 속해 있다. 정상 부근의 습원은 160종에 달하는 고산식물이나 습원 식물의 보고로 봄에서 가을에 걸쳐 물파초와 닛코기스게 등이 활짝 핀다. 또한 너도밤나무 숲 속에는 에메랄드색으로 아름답게 빛나는 하치만누마와 가마누마, 가가미누마 등의 늪이 있다.

구지久慈시에서 281번 도로를 이용하여 해발 1,300m에 있는 히라니아고원으로 갔다. 투우경마장과 산속 자작나무 숲속에 통나무집 산장이 멋지게 지어져 있는 고급 휴양지를 만들어 놓은 곳이다. 고원 정상으로 가는 길은 자작나무 숲이 대단한 산림을 이루고 있고 노루가 지나가고 곰 주의 푯말이 가끔 보이는 곳으로 깊은 산 속이다. 굽이굽이 산 정상부근 휴게소에 도착하니 계절이 눈이 있는 관계로 휴게소는 문을 닫아놓고 있다. 할 수 없이 휴게소 주차장에서 하룻밤을 지내기로 하고 식사 후 잠자리에 들고 이른 아침 일어나 산 정상 부근 산책로를 가는데 무엇일까. 부스럭 소리에 나무 사이를 자세히 보니 흑곰 두 마리가 우리가 올라오는 소리에 등성 쪽으로 도망을 가는 것이다. 실제 산중에서 곰을 보다니 놀랍고 두렵기도 하였으나 다행히 그 녀석들이 우리를 피하여 다른 쪽으로 달아나 버렸다. 나무마다 버섯이 즐비하고 나무 위에는 겨우살이 뭉치들이 농구공보다 큰 것이 몇 개씩 달려있다.

히라니와 휴양지 통나무집들과 고원의 겨우살이

곰이 달아난 숲길

아침에 일어나 보니 휴게소 주차장에 이런 표지판이 있었다. 일본 글자를 모르고 우리뿐이었으니 무슨 내용인지 모르고 산으로 올라갔는데 우리 앞에 흑곰이 나타났다

대나무 숲에서 먹이를 먹다가 사람 소리에 부스럭거리며 산등성이로 올라가 넘어가는 곰이 보였던 것이다. 한참 지나 휴게소 주변을 청소하는 산 아래 마을에 사시는 50대 아주머니가 4륜 오토바이를 타고 오시기에 곰이 나타났다고 하니 놀라면서 우리를 데리고 표지판 앞에서 여기 써있다고 가리키는 것이다. 글자를 모른다 하니 '꼬마 쭈이'라고 말한다. 표지판에는 곰 주의라고 적혀 있었던 모양이다. 무식하면 용감한가 싶어 아주머니와 우리 모두 함께 한참 웃었다.

곰과 겨우살이들을 그냥 두고 우리는 산을 넘어 내려와 해발 2,038m 이와테산으로 가기 위해 평지 고원으로 내려 왔다. 넓은 초원에서 모형비행기를 띄워놓고 조종하는 분들에게 다가가니 반갑게 맞이해 준다. 모두 60대들로 은퇴 후에 모인 동호인이라고 소개하는데 몇백만 원짜리 모형비행기를 몇 대씩 보유하고 차량에 격납고까지 갖추고 다닌단다.

모형비행기 동호회원들과 편의점에서 만난 일본 대학생들

이와테산 아래 온천마을에서 온천 하고 오시는 어른들이 온천장을 알려주면서 간식으로 가져온 모찌와 과자를 주신다

후지익고 이찌 님의 캠핑카

철광석 유적지를 떠나 가마이시釜石시 입구 휴게소에서 만난 야마나시에 거주하는 주민을 한 분 만났다. 나이는 70세이며 도쿄도청 공무원 퇴직 후 자유여행 사진가가 되어 캠핑카로 여행 중이고 우리보고 여행 중간에 자기 집으로 방문하라고 명함을 주어 여행 말미에 방문하였다.

토미타사치코 님이 신랑과 함께 운영하는 기념품 가게

가마이시釜石시 역 앞 관광안내 직원에게 관광지도를 얻고 이야기 중 말이 잘 통하지 않으니 자기를 따라오라고 하시면서 옆 건물 쇼핑센터로 안내해주면서 한국말을 잘하시는 분에게 소개해준다. 소개해준 이는 재일교포 2세 여성으로 일본인 신랑과 기념품점을 운영하시는데 한국말을 괜찮게 한다. 서로 인사 후 커피를 내주시고 여러 이야기를 나누었는데 부모님이 일본에 일찍 오셔서 어머님 돌아가시고 아버지는 오사카에 거주하시고 86세 되셨단다. 본인은 일본에서 태어났고 오빠는 한국 김포에 거주하신다고 소개하시면서 2011년 3월 일본 쓰나미가 몰아칠 때 자기 집이 쓰나미에 휩쓸려 무너졌고 이재민이 되었는데 지금은 이곳에서 장사를 한다고 한다. 유일하게 태극기를 걸어놓고 장사하는 집이라고 소개한다. 가게 안에는 그때 당시 모습을 찍어놓은 사진들을 액자로 만들어 걸어두고 보고 있단다. 신랑도 한국말을 알아듣고 서툴지만 소통을 한다. 커피 요금을 드리니 극구 사양하시고 작은 기념품까지 주시니 정말 미안하고 고마웠다. 이번 여행에서 잊지 못할 추억을 또 만들어 주신 두 분에게 감사인사를 드리고 서울 오시면 저에게 전화 주시라고 명함을 드렸다. 아쉬운 이별을 하면서 앞으로 이 가족에게 좋은 나날만이 있기를 기원하였다. 우리 부부에게 행복하고 고마운 시간이었다.

쇼핑센터의 부부와 인사하고 시가지 주변을 둘러보면서 계속 45번 동해안 국도를 따라 내려오는데 쓰나미 당시 국도에 물이 넘쳐 올라

온 표시를 해둔 표지판을 보고 놀라웠다. 우리가 달리고 있는 이 도로 위로 10m이상 물이 잠겼다니 놀라웠다. 한참 내려오는데 허허벌판 공터에 집들 흔적이 있고 뼈대만 남은 5층 여관건물이 남아 있는데 콘크리트 건축이어서 남아 있는 모양이다. 바로 해변에 있어서인지 3층까지 휩쓸고 지나갔으니 뼈대만 남아 있다. 상상이 안 되는 현장의 모습들에 공포감을 느꼈다. 지금도 45번 국도변에는 침수표시가 많이 있고 곳곳에 45번 국도를 제방처럼 높이 다시 쌓아 올리는 공사가 진행되면서 플랜카드에 45번 국도 복구 부흥 공사 중이라고 걸어 놓았다.

2011년 3월 11일 금요일에 있었던 쓰나미 당시 도로침수구간 표지판

2011년 3월 11일 금요일에 있었던 쓰나미 당시 파도가 휩쓸고 지나간 뼈대만 남은 3층 건물 앞에서

일본에서 제일 큰 땅덩어리를 차지하고 있는 이와테岩手현을 떠나 서쪽 아키타秋田현으로 이동하였다.

아키타 현은 혼슈의 북서부에 위치하여, 현의 서쪽은 우리나라 동해에 접해 있으며 풍요로운 강과 평야가 있어 비옥한 곡창지대가 펼쳐져 있다.

일본 제일의 수심을 자랑하는 다자와 호수, 아키타후지산으로 불리는 초카이산 등 아키타의 풍부한 자연을 보여준다. 다양한 향토 요리와 쌀이 원료가 되는 토산 술 사케도 맛볼 수 있다.

하치만타이 온천은 아키타 현 경계를 가르는 오우 산맥의 산세와 장대한 이와테 산의 모습이 보이는 경치 좋기로 유명한 온천이다. 미나세 강의 급류에 침식되어 생겨난 계곡은 암벽 높이 6m의 V자형 계곡으로 길이는 약 8㎞이다. 주변에는 온천도 솟아나고 있으며 바위틈으로 하얀 온천 수증기가 솟아오르는 모습은 마치 대지가 호흡을 하는 것처럼 보인다.

다자와코 호수는 칼데라 호수로 수심은 423.4m로 일본에서 가장 깊고 투명도도 일본 2위이다. 거의 정원형의 호수에는 빨려들 듯한 신비스러운 보랏빛 물로 가득 채우고 있으며, 주위의 산들은 정숙한 분위기를 보여줘 마치 그림 같은 정취가 있다.

눈 덮인 초카이산을 바라보면서 가는 풍경

초카이산 정상 길

5월에 스키 타러 온 가족과 함께

초카이산 정상에서 만난 바이크족

하산 길의 숲길

초카이산을 배경으로 동해를 접한 해변에서

초카이산을 등정하고 서쪽 해안으로는 멀리 있을 한국을 상상했다. 강릉 부근 지점쯤 방향 바닷가에 있는 해변 바위섬에 16나한상을 깎아 놓은 곳에서 어부가 잡아 올린 큼직한 해삼을 구입하여 바닷가에서 먹었다. 뒤로 웅장한 초카이산을 바라보면서 잔잔한 바다 고운 모래 위에서 휴식을 취했다.

작은 마을의 축제행사와 축제꾼

아름다운 다자와호수 석양

옥빛의 다자와호수.
2,000m 이와테산에서 눈이 녹아
내려오는 물이 호수로 들어가는 모습

다자와호숫길 벚꽃풍경과 설산 등 마음이 풍요로워진다

미야기宮城현은 현청소재지인 센다이仙台시와 일본의 3대 절경의 하나로 알려진 마쓰시마와 예로부터 이름난 온천지대다. 또한 성을 중심으로 발달한 도시인 센다이에는 역사를 전하는 오사키하치만구과 린노지 절, 정원 등의 사적이 있으며 8월 6~8일에 행해지는 다나바타 축제에는 매년 200만 명이 넘는 사람들로 활기가 넘친다.

게센누마気仙沼는 오랜 세월에 걸쳐 거친 파도에 깎인 바위가 이어지는 이와이사키에는 파도가 밀려와서 바위틈 사이로 물보라를 뿜어 올리는 시오부키 바위가 있으며 천연기념물로 지정되어 있다.

마쓰시마松島는 크고 작은 260여 개의 섬이 모여있는 경관은 장소에 따라 그리고 계절에 따라 그 아름다움은 변화무쌍하여 일본3경의 하나로 손꼽힌다. 파도가 잔잔한 마쓰시마만의 회백색 바위 위에 흑송이나 적송이 돋아있는 작은 섬이 떠 있는 모습에 감탄사가 나온다.

센다이仙台시는 동북지방 최대의 공업 상업 항구도시다. 센다이 다나바타 축제는 도호쿠 사대 축제 중의 하나이며 매년 200만이 넘는 사람들로 붐빈다.

일본 3경의 하나로 손꼽히는 마쓰시마 안내판

마쓰시마 관광안내소 직원 슈쿠리후미코 님

마쓰시마 3경을 보기 위해 모인 엄청난 관광객들의 해변전철역에 있는 관광안내소 직원은 한국을 1년에 한 번씩 방문한다며 엄청 반가워 한다. 한국어 번역사로 있다며 우리말로 자세히 안내를 해주신다. 서울 오시면 전화 주시라고 명함을 드리니 본인의 명함을 줬다. 마쓰시마는 한국의 나폴리인 통영, 남해와 비슷하다.

마쓰시마 유람선과 주변 섬 풍경

마쓰시마 주변 섬 야경과 유람선을 타기 위한 관광객들

황금의 고향 마을 황금 전시관

미야기현 와쿠야초 부근에는 백제 의자왕의 아들이 금 가공 기술을 전파해주어 금 가공 산업이 번창하였다는 마을이 있다. 이 마을에서는 금 박물관 같은 전시장을 마련해두고 덴표로망관(황금의 고향)이라는 지역명으로 황금제품을 만들어 놓고 판매 및 관람을 시켜준다.

미야기현 구리하라시 다이린지절
안중근 기념비안내 표지판

미야기현 구리하라시 다이린지宮城県 栗原市 岩柳町 大林寺

다이린지에 세워놓은 안중근 의사의 동양 평화비

미야기현 구리하라시 다이린지宮城県 栗原市 岩柳町 大林寺는 안중근 의사의 동양 평화비와 위국헌신 비가 세워져 있는 작은 절이다. 이 절은 마쓰미시 관광안내원의 안내로 찾아보게 되었다. 안중근 의사께서 여순 감옥에 있을 때 간수인 지바 도시치에게 써준 것으로 도시치는 이것을 가지고 고향 센다이 역무원으로 있으면서 평생 안 의사의 위패를 모셨다고 한다. 도시치가 죽고 난 이후 그 뜻을 알았던 대림사 절에서 그분을 모셔주고 있으며, 절 내는 휴일이어서 문이 잠겨있어 볼 수는 없었지만 안 의사와 도시치 부부 사진을 모시는 공간을 만들어 두었고 도시치가 만든 아리랑 액자도 걸려 있단다. 안중근 의사님의 동양 평화론에 마음이 통하는 감동의 자리였다. 고마운 분들 절 앞에서 묵념으로 예를 드렸다.

센다이시를 돌어가기 전 게센누마気仙沼 해변공원은 한국 제주도 해변처럼 주상절리와 용암이 굳어 틈 사이로 바닷물이 솟아오르고 기암괴석이 널려 있는 해상공원이다

센다이시 우모미사키 학 날개 해변

야마가타山形현 야마가타 시에는 100군데 이상의 온천과 함께 쇼나이평야에서 수확되는 맛있는 쌀, 맑은 공기와 깨끗한 물로 빚어진 토산 청주와 와인, 메밀국수 등을 즐길 수 있다.

긴잔 온천은 온천 수증기가 피어오르는 긴잔 강의 맑은 물 사이로 3~4층의 정취 있는 목조건물인 여관들이 들어서 있어 마치 은둔지와 같은 분위기를 자아낸다.

센다이 구 시청과 시내

이자온천이 있는 설산과 눈 녹은 물이 흐르는 계곡

센다이시를 벗어나 남쪽 도로 6번 국도는 해안선을 따라가는 도로로 원전 사고가 난 도시를 지나야한다. 때문에 우회하여 내륙으로 들어가기로 하고 4번 국도를 이용하기로 하였다. 후쿠시마福島현은 이자카온천 등 150개 이상의 온천이 용출되고 있고 아즈마 연봉의 조망이 뛰어난 야경의 명소가 있으며, 이나와시로코 호수는 일본에서 네 번째의 넓이를 자랑하는 호수이다.

이나와시호수와 결혼식을 마친 신혼부부와 함께

후쿠오카시를 가기 위해 설산을 넘었다

시노부산 중턱 휴게소에서 만난 바이크 여행자들

후쿠시마 시노부 산에 바이크 라이더들을 만났다. 그들 중 젊은 청년은 도쿄 거주 대학생으로 홋카이도까지 여행 중이란다. 옆에 100cc 작은 바이크에 짐까지 가득 실은 50대 아저씨에게 물어보았다. 어디 가는지 물으니 자기도 홋카이도를 간다고 한다. 자기는 규슈 후쿠오카 부근에 거주한다고 하면서 벌써 한 달째 여행이라고 하면서 홋카이도까지 자신감을 나타내주었다. 도쿄에 거주하는 청년과 함께 악수도 했다. 멋진 아가씨가 복장에서부터 바이크까지 예사롭지 않아 물어보니 자기는 후쿠시마 시내에 거주하는데 드라이브 나왔다고 한다. 나도 같은 기종의 마니아라고 하니 반가워하면서 바이크 가지고 여행 오라고 한다. 모두에게 즐거운 여행 되자고 격려하고 다시 발길을 옮긴다.

후쿠시마 역과 아사히 맥주 공장의 저장탱크

도치기栃木현에 약 3㎞에 걸쳐 이어지는 류오우 계곡이 있다. 거대한 경치를 즐기면서 산책을 할 수 있다. 약 40분의 뱃길로 높이 약 100m의 단애절벽을 감상하면서 급류를 타고 내려오는 기누가와 라인쿠다리도 있으며 해발 1,170m의 나스화산이 있고 주봉에는 지름 약 100m, 깊이 20m의 화구에서는 수증기의 분연이 올라오고 있다.

나스의 조금 남서쪽에는 온천의 원천이 11개나 있다는 이유로 유모토 11온천이라는 온천마을이 있다. 계곡은 가을 단풍의 계절 특히 전망이 매우 볼만하며, 온천지역 입구에 있는 길이 320m의 모미지다이오쓰리바시다리, 미카에리노쓰리바시다리, 미카에리노다키폭포는 전망을 즐길 수 있는 장소로 알려져 있다.

온천마을의 유황 가스와 온천수가 나오는 산 중턱

도치기현 나스산 등산 개장 날, 예전 복장 모습 등산객들

나스산 등산 개장 날, 알프스 악기를 연주해주신 할아버지, 할머니들

나스산 등산 개장 날 정상에서 제사 후 음식 나누어 먹었다

정상에서 제사 지내는 전통복장의 등산객

정상에서 등산객안전 등 행사지원에 나오신 미녀 소방관님과 함께

나스산에서 내려오는 눈 쌓인 길

도치기현에서는 온천과 화산 고원과 산행으로 멋진 추억을 남겼다. 온천마을 입구부터 유황 냄새와 흐르는 계곡의 물에서 수증기가 올라오는 온천계곡 엄청난 온천수가 생성되는 곳이다. 해발 1,915m의 나스산은 중턱까지는 케이블카를 타고 올라 걸어가는데 뿜어져 나오는 유황 냄새와 열기가 올라옵니다. 마침 겨울내 통제되었던 등산이 오늘 열리는 날이라 전통복장으로 마을 산신제를 드리기 위하여 올라가는 사람들과 함께하는 행운을 가졌다. 만약의 사고에 대비하기 위하여 소방관들이 함께 했다. 등산 초입에서는 스위스 복장의 마을 할아버지, 할머니들의 환영 악기 소리가 은은하게 반겨 주면서 산행시 필요한 지팡이를 하나씩 선물해 주었다. 정상에 올라 산신제를 지내는 모습과 산신제를 마치고 음식을 나누어 함께 먹는 시간도 가져보고 미녀 소방관님과도 함께 사진을 남기고 멋진 산행이었다.

히다치시 광장에서 봄 축제 모습

후쿠시마 원전지대를 벗어나 6번 국도를 이용 남쪽으로 내려간다. 이바라키茨城현은 일본에서 두 번째로 큰 호수인 가스미가우라호수에서는 유람선 순항과 농어의 일종인 배스 낚시를 즐길 수 있을 뿐만 아니라 여자 선장이 조정하는 삿파 배를 타고 수로를 유람할 수도 있다. 특히 초여름에는 주위의 창포정원에 창포 꽃이 만발하여 많은 사람이 이곳을 찾는다.

일본에서 2번째 큰 씨고호수. 고기를 잡으려고 조용히 기다리고 있는 가마우지들과 아이들과 낚시하는 가족들의 모습이 보인다

이바라키현을 지나 남쪽으로 38번 국도를 이용 지바현으로 들어간다. 지바千葉현은 도쿄 도에 접해 있다. 일본의 하늘의 현관인 신도쿄 나리타成田 국제공항과 대형 컨벤션센터 마쿠하리 멧세 등 새로운 시설이 잇달아 건설되고 있다. 도쿄 디즈니랜드 쇼핑몰 라라포토 등 그 발전이 가장 눈부신 지역 중 하나이다.

세계 각국에서 비행기로 일본을 찾아오는 많은 사람이 우선 최초로 내리는 곳이 통칭 나리타成田공항이라 불리는 나리타 국제공항이 있는 나리타成田시이다. 나리타시에는 연간 1,300만 명의 참배객이 찾아오는 신쇼지 절이 있어 사원의 도시라는 또 하나의 얼굴이 있다. 940년에 창건된 이래 널리 알려진 신쇼지 절은 18세기 에도시대 중기의 특징이 보이는 당탑 등과 수많은 불상이 있는 사원이다. 나리타역 앞을 중심으로 좌우로 번창한 도시가 발달되어 있고 왼쪽 골목으로 한국의 인사동 골목과 비슷한 예전 모습들의 상점과 건물들이 즐비하다. 골목을 벗어나면 신쇼지는 관광 온 사람들로 만원이 되어있다.

나리타역 주변 길 오래된 상점가 골목과 절 풍경

최남단
'오키나와'

오키나와沖縄**현은** 일본열도의 가장 남쪽에 있다. 오키나와는 15~19세기 중반까지의 약 400년 동안 류큐 왕국이라 불리는 독자적인 왕국을 건설해 번창해왔다. 여러 외국과의 교류에 의해 형성된 문화와 전통은 공예품과 축제 등 다양한 형태로 남아 있으며, 독특한 매력의 오키나와를 형성시킨 이유 중 하나이다. 특히 1992년 나하 시내에 복원된 류큐 왕국의 옛 슈류성은 세계유산으로도 등록되어 있는 좋은 관광코스다. 선홍색의 의상을 입은 여성이 연인이나 남편을 사모하는 감정을 표현하며 우아하게 춤을 추는 류큐 무용과 중국에서 전해진 것으로 알려진 다양한 색채의 털을 가진 사자가 춤을 추는 시시 춤, 웅장한 북의 소리와 샤미센이라 불리는 일본 전통 현악기의 반주에 맞추어 집단으로 춤을 추는 에이사 등 오키나와에는 오키나와 독자적인 전통예술이 오늘날까지도 전해져 내려오고 있다.

나하那覇시는 오키나와 최대의 도시이며 가장 번화한 장소는 고쿠

사이(국제) 거리이다. 약 1.6㎞나 계속되는 연도에는 백화점, 특산품점, 영화관, 레스토랑, 카페 등이 이어져 하루 종일 사람들의 발길이 끊이지 않는다.

나하 시의 북쪽에 인접하는 우라소에시로부터 요미탄촌에까지는 후텐마 비행장과 가데나 항공기지를 비롯한 미군시설이 집중되어 있다. 국도 58호선 연변에는 영어 간판이 걸린 드라이브인과 중고 인테리어 상점, 미군용 상품을 취급하는 점포가 눈에 띈다. 쟈탄의 해안 지구는 젊은이들에게 인기 있는 신흥지역으로 대형쇼핑센터와 미국풍 레스토랑 등이 위치하여 많은 사람으로 붐비는 곳이다.

오키나와 나하 공항과 모노레일 그리고 시가지 모습

오키나와 전쟁 시 지휘사령부와 참호

슈리성에 오신 한국 가족과 함께

아름다운 흰색 기와지붕과 지붕 위에 원숭이, 해태를 닮은 귀신 물리치는 수호신 장식이 특이하다

오키나와 평화공원에 있는 한국인 위령탑 비 앞에서

오키나와 평화공원에서 묵념하는 학생들과 태평양 해안

나하시에서 버스를 두 번 갈아타고 도착한 곳은 종전 평화공원이다. 토종 원시림이자 100년 이상된 가주마루나무숲이 울창한 곳을 개발하여 만든 공원으로 전쟁에서 죽은 25만여 명의 전사자 명단을 비석으로 세워놓고 기념관과 추모의 광장을 만들어 놓은 곳이다. 이 공원에 최초에는 이역만리 전쟁터로 끌려와서 돌아가신 한국인들을 위한 추모의 자리를 요구하였으나 별도 공간을 만들지 못하였는데 1975년 8월 한국인 위령탑건립위원회를 결성했다. 수년에 걸친 협상과 한국 정부의 협의로 한국인 위령탑이 별도 공간에 건립되었다. 이에 노산 이은상이 '영령들에게 바치는 노래'라는 시를 작성하고, 이를 후손들이 볼 수 있게 옥돌에 비문으로 남겨 놓았다.

우리는 추모비를 쓰다듬고 묵념으로 예를 다했다. 평화공원에는 관광객들과 본섬에서 수학 여행을 오는 학생들로 넘쳐난다. 광장 추모비 앞에서 묵념을 시키고 행하는 학생들은 무슨 생각을 가지고 묵념을 하는지 궁금하여 물어보고 싶었다.

안타까울 정도로 많은 수의 청춘이 부모, 형제를 멀리하고 이름 모를 이국땅 전쟁에서 사라져 갔다. 이 넋들이 절벽 아래 태평양 바다 위에서 너울거리는 것만 같아 한참을 수평선 저 멀리 바라보면서 애잔함을 가슴에 남기고 돌아보는 곳이었다.

오키나와시 미군기지에 펄럭이는 일장기와 성조기

나하시 항구와 국제거리

오키나와 여행을 마치면서 파출소 주차장에 있는 경찰차

여행을 마치던 길에 순찰차를 본 아내 순찰차 옆에서 사진을 찍어 달라고 한다. 왜 순찰차 옆인지 궁금했다. 아마도 아내는 본섬에서 80일 동안 가는 도시마다 순찰차가 따라와서는 불시 검문을 20회 정도 받았는데, 그때의 추억을 남기고 싶었던 모양이다. 경찰들이 한국 차량 넘버를 보고는 갸우뚱하면서 어떻게 여기까지 왔느냐는 표정을 지어 보였다. 면허증, 기타서류 보여주면 나중에 우리 차 앞에서 함께 기념사진 찍어 가시는 경찰들도 많았다. 안전운전하라고 하면서 인사를 덧붙이기도 했다. 그래서 사진으로 한 장의 추억을 남겼다.

오키나와 여행을 마치고 나리타 공항에 도착했다. 맡겨놓은 차량을 찾았다. 이후 북쪽 이와테현 가마이시 휴게소에서 만났던 후지익고 이치 님을 만나기 위해 야마나시현山梨県 호쿠토시北杜市 아케노초明野町 아사오浅尾 마을로 달려갔다. 다시 도쿄를 지나 후지산이 야마나시현으로 가면서 멀리 보이는 후지산을 보면서 우측 도시들을 몇 개 지나 조용한 읍내 마을에 도착했다. 물어물어 드디어 찾았다.

후지익고 이치 님은 올해 72세로 도쿄도청에서 공무원으로 퇴직했다. 이후 도쿄에서 1시간 30분 정도 지역을 돌아다니며 찾던 중에 장소를 결정했단다. 너무 좋고 조용한 농촌 읍 마을에 이주하게 되어 귀촌 생활을 하고 계시는데 연금으로 생활하시고 두 분이 만족한 생활을 하고 있다고 한다. 주택은 토지 3백 평, 주택 40평인 2층 통나무집으로 멋지게 지었으며, 일본건축 전문 잡지에 소개될 정도로 유명세를 탄 집이라고 소개한다. 아내분께서 저희를 정말 반겨주시고 동생처럼 해주셨다. 손수 지으신 저녁상에 반찬을 준비해주셨는데 돈가스, 샐러드. 나또, 된장국으로 포식할 정도로 저녁을 대접받았다. 그리고 아마추어 사진작품 중에서 후지산의 사계절을 찍은 사진 4장을 기념으로 받았다. 푸짐한 만찬을 대접받고 후일을 약속하면서 안아주시는 두 분께 즐거운 추억을 주셔서 감사드리고 건강한 생활 되시길 진심으로 빌었다. 해 질 무렵에 도착하여 외관 모습을 찍지 못했다. 집을 떠나 이제 마지막 남은 여정으로 이어 나갔다.

초대받은 저녁 식사

여행일정 초반에는 일본 동쪽으로 올라가면서 홋카이도까지 갔고, 내려올 때는 서쪽을 기준으로 여행을 했다.

서쪽 마지막 지역의 돗토리鳥取현으로 갑니다. 돗토리 사구는 동서 약 16㎞남북 약 2㎞에 걸쳐 펼쳐지는 일본 최대의 모래 언덕이다. 센다이강의 모래 위에 다이센산의 화산재가 쌓이고 거기에 불어오는 해풍에 의해 거의 10만 년의 세월에 걸쳐 만들어졌다고 한다. 요괴가 맞이하는 즐거운 항구 마을 사카이미나토시의 요나고는 사카이미나토시는 옛날부터 굴지의 수산도시로서 알려져 대륙과의 무역 거점으로

서도 활발하다. 마을을 걸어보면 사카이미나토시의 얼굴이 되는 요괴들의 청동상이 눈에 띈다. 게게게노키타로(요괴인간 타요마)가 대표작인 일본의 저명한 만화가 미즈키 시게루 씨가 사카이미나토 시 출신이어서 시의 메인 로드를 미즈키시게루로드라고 이름 지었는데 그의 업적을 나타내는 약 100개의 요괴 모양 청동상이 거리에 줄지어 있는 모습이 볼만하다.

돗토리현으로 들어가기 전 효고현의 마지막 작은 마을인 가미에는 높이 41m, 길이 309m인 아마루베 교량이 시원하게 콘크리트 교각 위에 위용을 자랑하고 그 밑에 휴게소가 있어 하루 머물기로 하였다. 캠핑 차량의 우리 나이 또래 부부에게 서로 인사 나누고 가지고 온 음식으로 저녁을 함께 먹으면서 사케 큰 병을 따서 저녁에 오랜만에 만취할 정도로 술대접을 받았다.

아마루베 철교는 1912년에 설치되어 2014년까지 100년 이상을 사용하다가 노후 되어 해체하고 새로운 다리를 완공하였는데, 기존의 100년 전 구조물들을 보존시켜놓은 것으로 유명한 관광지가 되었다. 전시된 철교 구조물들을 보면서 100년 전에 높고 긴 다리를 철골 골재로 철교를 만들어 그 위로 철도를 운송시켰다고 한다. 다리를 보니 100년 전 우리 모습이 생각나 아쉬움이 남는 장소였다. 하지만 1986년도에는 철교 위로 지나가던 열차가 강풍에 떨어져서 민가를 덮쳐 사상자가 발생하기도 하였고 일본영화에 자주 등장하는 유명세를 타던 다리가 현대식 모습으로 변하니 아쉬움에 교량과 교각 일부를 전

시품으로 남겨 놓고 후세에 전하는 모습이 인상적이었다.

다리 아래에서 규슈에서 자전거로 일본 일주를 한다는 대학교 1학년 학생을 만나 사진을 남기고 서로 격려하면서 헤어진 젊은이가 대견스럽고 부러웠다.

이마루베 철교와 자전거 일주를 하는 대학생

돗토리 리아스식 해변과 사구

요나고 성 모양의 건축물로 고토부키조(양과자 집).
유명한 제과점과 전망대에서 내려다본 시가지

사카이미나토 시의 '얼굴인 '요괴들'의 청동상

거대한 연못 두 개가 연결된 고야마 연못

멀어지는
'시모노세키항'

기대와 설렘이 가득했던 일본 열도 90일간의 여정을 마무리하는 시간이 다가왔다. 힘든 여정과 어려움도 있었지만 슬기롭게 극복했고, 이제 마지막 추억의 행선지는 처음 여행을 시작한 시모노세키시를 둘러보고 추억의 순간들을 한 장이라도 더 만들어야겠다고 정했다.

시모노세키항 간몬대교와 항구, 시내를 내려다 볼 수 있는 전망대

시모노세키시 타워

가라토 수산시장 광장에서 간몬대교를 배경으로

시모노세키 전망대에서 우리 부부의 일본 여행을 축하해주는 일본 가족과 함께

시모노세키항구의 타워와 야경

후기

도쿄東京에 들어서면서 거대한 도시를 접하고, 한국과 반대 운전을 남쪽 규슈에서부터 30일 이상 하였지만 약간의 두려움과 할 수 있다는 기대감으로 설레었다. 한국(서울) 번호판을 달고 도쿄 시내를 누비면서 8일 동안 경찰에게 4번이나 검문을 당하였는데 어떻게 한국 차량이 여기까지 왔느냐고 검문하는 경찰들이 신기해하면서 꼬치꼬치 물어보기도 했다. 의사소통의 어려움을 극복하고 도쿄 도심과 외곽 도시, 그리고 특히 도쿄대학과 와세다대학을 찾아간 것은 특별한 추억으로 남았다.

도쿄 여정을 마치고 북쪽으로 원전사고가 난 후쿠시마福島를 지나고 미야기宮城현의 일본 3경이라고 하는 해안가 소나무섬이 수백 개가 있는 마쓰시마松島를 둘러보고 이와테岩手를 지나 본섬의 끝인 아오모리青森에 도착하여 세계 최고의 벚꽃축제를 함께했다. 우리나라 소백산 자락에 널리 생산되는 맛있는 사과 품종들도 많이 홍보되고 팔고 있어 가보니 사과 이름들이 아오모리, 세계제일, 부사라고 적혀 있다. 맛 또한 우리 것과 똑같다.

일본 최북단 섬이자 남한 면적과 비슷한 홋카이도北海道로 향했다. 카페리에 차량을 싣고 도착한 하코다테函館항구도시는 일본 3대 경치와 야경으로 꼽힌다는 말은 틀린 것이 아니었다.

동계올림픽을 개최한 나가노長野시의 중앙알프스와 일본알프스로 자랑하는 산악관광 코스(구로베黒部댐과 트롤리버스, 로프웨이로 연결되는 코스)를 다녀온 것이 아직도 생생한 모습으로 남아 있다. 해발 3,776m의 후지산富士山 정상 등정 역시 잊지 못할 추억이다. 나리타成田공항에서 오키나와沖縄를 2박3일 항공편으로 여행하고 이제 여행의 종착지이자 최초에 도착하였던 시모노세키시에 도착했다.

간몬해협과 간몬대교가 내려 보이는 전망대에 올라 마지막 일본 열도를 차량으로 90일간의 여행을 마치는 기념사진도 찍어보고 시내에 도착했다. 맛있는 음식으로 그동안의 여정을 마무리하면서 부산으로 향하는 페리에 차량을 승선시켰다. 심장을 울리는 뱃고동소리와 함께 멀어지는 시모노세키항구의 야경과 마주 보고 있는 기타규슈의 야경이 어우러지는 해협을 지나면서 후쿠오카 항구 주변의 공장들에서 반짝이는 불빛이 멀어지면서 부산을 향하여 간다. 어두운 밤바다를 보며 90일간 20,000㎞의 길을 자동차로 다니면서 100여 년 전의 일본을 어렴풋이 흔적을 들러보고, 국제 규모의 아름다운 도시들과 멋진 자연을 품은 한가로운 작은 마을의 모습을 추억으로 남겼다. 자유로움과 여유로움을 가진 일본 열도 90일간의 여행의 즐거움을 여행기로 적는다.

그리고 다시 감동적인 여행의 다음 여정을 그려 본다.

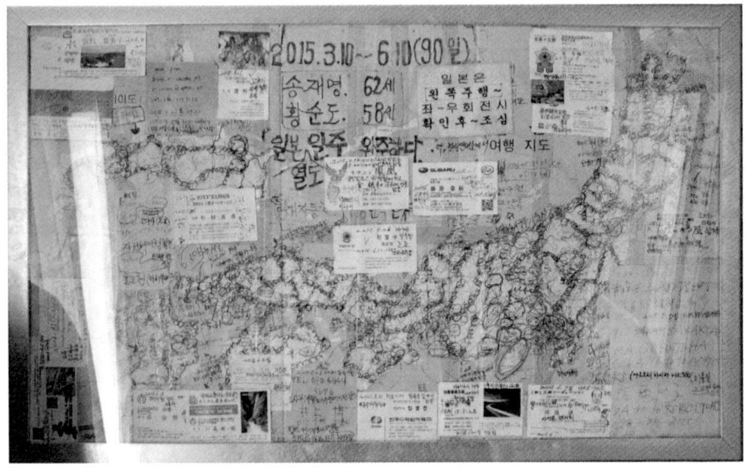

90일 동안 아내와 함께 수많은 추억을 만들고 곳곳에서 만난 많은 분의 명함과 메모지를 모아 지나온 길을 표시한 지도를 기념액자로 만들어 거실에 걸어 두었다.

끝으로 여행하는 동안 즐거움도 많았지만,

가끔 힘들어하기도 했던 아내 황순도 님에게 이 여행기를 바칩니다.

함께해주어 고맙고 사랑합니다.

TIP!

혹시 저희 부부처럼 일본에서 자동차 여행을 하시고자 하시는 분들께 작은 정보를 드립니다. 저희는 승용차를 가지고 여행하면서 아침, 저녁은 마트 또는 편의점에서 식재료를 구입하여 조리해 먹었으며, 점심은 현지 식당에서 일본인들이 즐겨 드시는 음식으로 먹었습니다. 잠자리는 차량 여행의 특성상 숙소를 예약하지 못하니 차량에서 주로 해결하였으며, 날씨에 따라 여관을 이용하였습니다. 일본은 가는 곳마다 온천 이용이 가능하여 피로 회복 겸 온천장을 이용하며 여행하였습니다.

차량은 SUV로 여행하시면 편한 여행이 되리라고 생각합니다. 국제운전면허증을 구청이나 경찰서에서 발급받으시고, 현지에서 한글, 일본어 지도를 구하시고(철도역 여행안내소에서 거의 획득할 수 있음) 방향과 위치를 확인하고자 위성 GPS수신기(GARMIN 내비게이션과 일본 전자지도 메모리칩/ 충무로5가 네베상사(02-515-8848))를 함께 사용하였습니다. GPS 수신기는 다른 지역으로 이동하는 경우 유용하게 이용하였습니다.

현지 유류값은 국내보다 저렴하고 식재료 구입비도 국내와 비슷합니다. 그래서 여행 경비는 국내에서 여행하는 것이랑 별 차이가 나지 않았습니다.

더 궁금한 사항은 전화(010-9004-1474) 또는 이메일(sjm5401@hanmail.net)로 연락 주시기 바랍니다. 고맙습니다.